人はみな仏である

白隠禅師坐禅和讃・一転語

朝比奈宗源

春秋社

衆生本来佛なり

序

先師（朝比奈老師）から伺ったことがある。

「明治の終わりころ、仏教学者が一堂に会した時のことだ。日本の仏教は多くの宗祖や高僧を輩出してきたが、その中で最も高潔で、尊敬に値する祖師は何方《どなた》であろうかと、話題になり、最後に明恵上人に落ちついたと聞いている。明恵上人にならわしも異論は無い。」

明恵上人と葛城の慈雲尊者への敬慕の念が先師には強かった。その生涯を『佛心』の提唱に力を尽され、釈尊の正法「安心立命《あんじんりゅうみょう》」の仏法をお説きになった。

今回、『坐禅和讃提唱』を上梓することが出来た。老師の説かれた安心立命の法『佛心』をお汲み取りください。

平成二三年四月八日

臨済宗円覚寺派前管長

足立　大進

目次

人はみな仏である

白隠禅師坐禅和讃

はくいんぜんじ ざぜんわさん

衆生本来仏《しゅじょうほんらいほとけ》なり
水《みず》を離《はな》れて氷《こおり》なく
衆生近《しゅじょうちか》きを知《し》らずして
譬《たと》えば水《みず》の中《なか》に居《い》て
長者《ちょうじゃ》の家《いえ》の子《こ》となりて
六趣輪廻《ろくしゅりんね》の因縁《いんねん》は
闇路《やみじ》に闇路《やみじ》を踏《ふ》みそえて
夫《そ》れ摩訶衍《まかえん》の禅定《ぜんじょう》は
布施《ふせ》や持戒《じかい》の諸波羅蜜《しょはらみつ》
其品多《そのしなおお》き諸善行《しょぜんぎょう》
一坐《いちざ》の功《こう》をなす人《ひと》も

水《みず》と氷《こおり》のごとくにて
衆生《しゅじょう》の外《ほか》に仏《ほとけ》なし
遠《とお》く求《もと》むるはかなさよ
渇《かつ》を叫《さけ》ぶが如《ごと》くなり
貧里《ひんり》に迷《まよ》うに異《こと》ならず
己《おのれ》が愚癡《ぐち》の闇路《やみじ》なり
いつか生死《しょうじ》を離《はな》るべき
称歎《しょうたん》するに余《あま》りあり
念仏懺悔修行等《ねんぶつさんげしゅぎょうとう》
皆《みな》この中《うち》に帰《き》するなり
積《つ》みし無量《むりょう》の罪《つみ》ほろぶ

悪趣《あくしゅ》いずくにありぬべき
浄土《じょうど》即《すなわ》ち遠《とお》からず
辱《かたじ》けなくもこの法《のり》を
一《ひと》たび耳《みみ》にふるる時《とき》
讃歎随喜《さんたんずいき》する人《ひと》は
福《ふく》を得《う》ること限《かぎ》りなし
いわんや自《みずか》ら回向《えこう》して
直《じき》に自性《じしょう》を証《しょう》すれば
自性即《じしょうすなわ》ち無性《むしょう》にて
すでに戯論《けろん》を離《はな》れたり
因果一如《いんがいちにょ》の門《もん》ひらけ
無二無三《むにむさん》の道直《みちなお》し
無相《むそう》の相《そう》を相《そう》として
行《ゆ》くも帰《かえ》るも余所《よそ》ならず
無念《むねん》の念《ねん》を念《ねん》として
謡《うた》うも舞《ま》うも法《のり》の声《こえ》
三昧無礙《さんまいむげ》の空《そら》ひろく
四智円明《しちえんみょう》の月《つき》さえん
此《こ》の時何《ときなに》をか求《もと》むべき
寂滅現前《じゃくめつげんぜん》するゆえに
当処即《とうしょすなわ》ち蓮華国《れんげこく》
此《こ》の身即《みすなわ》ち仏《ほとけ》なり

第一講

毎年のことでありますから、会のはじめに三帰依の言葉を唱えます。私が唱えますからあとについて唱えて下さい。

自《みずか》ら仏《ほとけ》に帰依《きえ》し奉《たてまつ》る。
当《まさ》に願《ねが》わくは衆生《しゅじょう》と共《とも》に、
大道《たいどう》を体解《たいげ》して、無上心《むじょうしん》を発《おこ》さん。

自ら法《ほう》に帰依し奉る。
当に願わくは衆生と共に、
深く経蔵《きょうぞう》に入って、

智慧海《ちえうみ》の如《ごと》くならん。

自ら僧に帰依し奉る。
当に願わくは衆生とともに、
大衆《だいしゅ》を統理《とうり》して一切無礙《むげ》ならん。

私どもはこうして集まると、必ず「三帰依文」を唱えていますが、いま思い出したのは、『阿弥陀経』にあります、「水鳥樹林念仏念法念僧」という言葉であります。水鳥《みずどり》も林の木もみんな仏を念じ、法を念じ、僧を念じる。

これはどういうことかと申しますと、お浄土という所は、なにもかもこの三帰依の精神に満たされているということだろうと、わしは思っているんです。

三帰依というのは、仏さまを信じ、法を信じ、その信仰に生きるグループ、僧侶を信ずるということです。

日本では僧というと、私どものような頭の丸いのをいいますけれど、本来僧侶――僧伽《さんぎゃ》(saṅgha)という字は、和合教団、和合衆のことであって、仏教の信仰に生きる人は、頭がのびておろうが、なんであろうが、それは僧伽の一種です。

「四衆僧伽《ししゅさんぎゃ》」と申しまして、男の坊さんと女の坊さんが比丘《びく》（bhikṣu）、比丘尼《びくに》（bhikṣuṇī）、それから男の信者と女の信者は優婆塞《うばそく》（upāsaka）優婆夷《うばい》（upāsikā）と申します。この四通りでできているのが、僧伽《さんぎゃ》といいまして僧の意味です。

広い意味で、皆さんも仏の教えを聞いて、そうだなと思って信じていらっしゃれば、その僧の一人です。信者同志の生活を信ずるということ、それが僧を信ずる意味であります。この解釈が今では大そう間違ったというか、全体の意味がわからなくなったようなことがありますから、「三帰依」の意味を申しあげました。

われわれがこうして仏教のお話をしたり、あなた方も聞いていただいたりしても、生活の中にその気持が本当に生きて来るというのは、なかなか容易ではない。

ともかく極楽では、水鳥も林も樹もみんな「念仏、念法、念僧」で、つまり真理を讃える、信仰を讃える言葉を述べているというんですな。

人は本来仏だ

今年は「坐禅和讃」についてお話いたしたいと思います。「三帰依文」と同じように、集まりごとに「坐禅和讃」も読誦していただいているのですが、中にはわからんという人もある。この「坐禅和讃」は、白隠禅師としてはずいぶんわかりよい言葉をお使いになったんでしょう。

ところが、今日ではまたなかなかわからない。一種の古典のようなものになっている。だからこれをつくり直して、謡うだけでわかるようにするといいんですが、仏教語という専門語を現代語に翻訳しようとしても、それにぴったりした言葉がないんです。翻訳不能です。

無理に置きかえて、わかりよくしようとすると、意味が浅くなったり、狭くなったりして、本来の意味が失われてしまう。そこで、むずかしくてもついそのまま使っています。白隠禅師は、もうお亡くなりになって二百年ばかりになります。すでに古典になっているこの「坐禅和讃」の意味を、ただ講釈するのではなく、これを通じて、私の仏教の信仰を明らかにしたい、禅がどういうものかということを明らかにしたいと思います。

白隠禅師が「坐禅和讃」を作られた意思もそこにあると思いますから、私もそこに重点を置いてお話をしたいと思います。

もうひとついうと、われわれの信心や悟りは、実際に生活に生きて来なけりゃ、何にもならん。

ですから繰り返し繰り返し聞き、私の方では繰り返し繰り返し説いて、もうそれこそ夢の中でも間違えないでいえるくらいに頭へ叩き込まないと、われわれの生活の力にはならんのです。

ですから、申し上げることは、くどいくらい申し上げます。

白隠禅師坐禅和讃《はくいんぜんじざぜんわさん》

白隠禅師のことも申し上げてみたいが、これも今は割愛いたします。

「坐禅和讃」の和讃ですが、今日《こんにち》ではあまり使わない言葉になってしまいました。日本では昔は主に漢文を使って書いていましたので、和語を以って作った讃美歌——讃歌ということですね。

「和文でつくった坐禅の徳を讃美した歌」ということです。

衆生本来仏《しゅじょうほんらいほとけ》なり
水《みず》と氷《こおり》のごとくにて
水《みず》を離れて氷《こおり》なく
衆生《しゅじょう》の外《ほか》に仏《ほとけ》なし

第一句の「衆生本来仏なり」――、こんな素晴しい言葉というものは、わしは無いと思う。これは禅宗式なんですが、ずばりっとそのものを放り出して来た。

白隠さんは――「衆生本来仏なり」！　これが受け取れたら、みんな成仏なんです。そんな大安心《だいあんじん》が得られる。

ですから御覧なさい、この和讃は「衆生本来仏なり」で始まって、最後に「この身即ち仏なり」で結ばれている。

衆生というのは、生きとし生けるもののことで、一切の生き物です。「生命のあるものはみんな仏さまだ」というんです。もちろん人間もそのうちである。

そうして、この和讃は坐禅の功徳を讃えて、最後に「なるほど自分も仏である」と確認することができるというのです。

最初の「衆生本来仏なり」という句から起こって、中間を経て、最後に「なるほど自分も仏だ」と確認する。これがこの和讃のねらいであります。

部分的な意味も明らかにするに越したことはありませんが、全体の意味をつかんで、そして一番大切なことは何かということを知ることが大事です。

「衆生本来仏なり」——衆生といっても、牛や馬が仏であってもなくても、人間はたいして苦痛に感じないから、今多くは「人は本来仏だ」といっています。けれども本当は、仏教の教えで一切衆生というのは、「一切の生き物は仏だ」ということです。

もっともこういわないと、人間のうちにもいろんなのがいますから、人間らしい人だけが仏になれて、人間らしくないのは仏にならんでは、人間が成仏から洩《も》れる心配もあります。衆生といっておけば、われわれが仮りに馬になっても、牛になっても成仏できるということで、このほうが安心ですなァ。

一般論の、「すべての生き物は仏だ」という信念から出発して、その信念を確立して、そして坐禅によってこれを体験して、最後に「この身即ち仏なり」、この結果を得る。だから坐禅は尊い教えだということが、この「和讃」の趣旨であります。「衆生本来仏なり」というこの句ぐらい素晴しい言葉はないのです。

仏とはなにか

今から二五〇〇年前から、「人は仏だ」と仏教ではいうのですが、たいがいの宗教は人が仏――すなわち神だとは教えないんです。

神と仏とは若干違いますけれども、人間の最高の理想を象徴する意味においては同じでありましょう。

インドでは、お釈迦さま以前も神というものがありましたし、お釈迦さま以後でも、しまいには大乗仏教の中にも神のような仏さまを造りました。けれど、仏教の仏さまは、キリスト教やイスラム教の神さまとは無論違う。

とにかく、人が仏であるということはたいへんなことで、人間をそういう精神界に位置づけてみることは実にすごいことです。

キリスト教などでは、神さまは高い所に超然としている存在であって、人間なんかいくら修行したって、せいぜい神の僕《しもべ》として天国へ行ってサーヴィスでもさせていただければ、いちばん光栄だという程度であります。

ところがお釈迦さまはお悟りをして、「人間こそ仏だ」といわれたんですが、ここで問題は、仏とはなにか？ ということです。

仏というのは仏陀《ぶっだ》(Buddha) というインドの言葉で、悟った人ということです。お釈迦さまはお悟りを成就されて、「われは仏陀となれり」、わしは仏になったとおっしゃった。これは、決して山芋がウナギになったなどということじゃありません。しかし、それ以前の人にとっては、人間が仏になったなどということは、まったくびっくりすべきことであったでしょう。

お釈迦さまはお悟りによって、人間というものの価値を、そこまで高められた。「我は仏陀となれり」――わしは仏になった。それは何か？ 悟った人となった。何を悟ったか？

仏教では生死と書いて「まよい」と訓《よ》ませております。人間にとって――生物にとって、といってもいいでしょうが、一番大きな悩みは、この「生き死に」ということです。われわれは断然「生き死にがある」と思い込んでいます。あれも死んだ、これも死んだ、自分も死ぬであろう。これはもう人間の常識としては動かせないところであります。しかし、悟りという世界からいうと、これはナンセンスです。生死ということはないんです。無いものをあるように思って苦労する。そこで生死を「まよい」といったり訓ませたりするんです。

つまり、生や死があると思っている、この常識が迷いの世界。その生き死にがない世界、それが悟りの世界ですね。その悟りのわかった人が仏——悟った人です。

もうすこし、そこのところをいいましょう。そのお釈迦さまの悟りは、悟って御覧になると、ひとり悟った自分だけでなくて、人には誰でもその世界があるということ、悟りなんかまだしていない人も、その悟りの心の真只中にいるんだということがおわかりになった。

ここに、「すべての人は仏である」というお釈迦さまの教えの根本があるのであります。お釈迦さまも、自分が特別な修行をして悟りをされて、自分だけは悟れた、おれは偉いものになった、しかし、すべての人はわしのような修行はできないから、こんな悟りに縁はないんだと、こうなったらお釈迦さまはつまらなかったろうと思うんです。

ところが、お釈迦さまが悟ってごらんになると、多くの人は気がつかないだけで、本当は自分が悟ったのと同じ世界にいるんだということがわかったから、お釈迦さまは、それは嬉しい。

わしが安心したと同じに、みんなも安心させてやることができるんだ。これが、お釈迦さまのお悦びの最も大きいものであったと、私は想像しております。

お釈迦さまは菩提樹下でお悟りになられた。インドという国は宗教的な国で、お釈迦さまの前にも偉い仏さまがいたという信仰がありますから、あるいは聖者はその樹に親しみがあったのか知りませんが、菩提樹という樹は、まあ大した樹じゃない、白い小さい花の咲く樹です。

お釈迦さまがその樹の下で坐禅してお悟りをひらかれたから、菩提樹といったんじゃないかと思います。その菩提樹のもとであまり自分の悟りの素晴しさ、いいかえれば自分の発見した人間の心の世界のすばらしさに、うっとりとしてしまい、大感激にひたってついに七日間もそこをお動きにならなかったといいます。

お釈迦さまの悟りの感激がどんなに素晴しく、そしてまた同時に、その悟りの世界を思う存分この時思索されたり、味わわれたりしたと思うんです。

つまり自分の悟りと一切の民衆、すべての人の生活とがどういう関係にあるかというようなことを、仏さまは御考察になったろうと思います。

それで、そのお悦びになった最も大きい理由は、「ナンだ、心配したことはない、自分が悟ってみれば、みんな自分と同じ心の所有者だ、心配せんでもよかった。ああよかった、よかった」と、きっとこうお悦びになったんだと思います。

初めから救われている

むかし、中国の仏教に対する反対者——排仏家と申しますが、その人々のお釈迦さまを攻撃する資料として、「釈迦はわがままな奴だ、一国の皇太子という身分を忘れ、また家庭に対する責任を忘れて、皇太子の地位を捨て家庭を飛び出し、勝手な振舞をした。まったく人倫に背いた奴だ」といって攻撃しました。

しかし、これはお釈迦さまの心の解らない人達で、お釈迦さまはこうお思いになったと、わしは思うんです。

お釈迦さまはああいう方ですから、充分自分の進退についてお考えになったと思います。かりにお釈迦さまが立派な政治家になって、立派な政治をして、その国民達を幸福にしてあげるという国王の任務について考えても、だいたい人間の命というものが、朝あって夕を期し難い。優れた政治家としての王様なんか、お釈迦さま以前にだってたくさん出たり消えたりしているんです。

ですから、そういうことはしてみても大したことはない。また妻子に対する愛情ということも容易ならんことですけれども、それも人類の大問題の生死の解決ということの前では、極めて小さな問題となってしまいます。

人間の生や死、つまり死が有るか無いか、こういうことを本当に解決することは、人間の基本的な欲望だと思います。永遠な生命を見つけたい、死なない世界を見つけたいということです。

もしこういう希望が達成されたならば、独り自分と同じ時代に生きた人々だけではない、また自分の国の民衆などという狭い問題じゃない。いかなる人々にも、またいつまでも人類のあらん限りは、その悦びを頒《わか》つことができる。

それをハカリにかけたら、良い王様になるとか、家庭の良い夫になるなどというようなことは比較できない。こうお思いになって御出家なさったと思います。

もしお釈迦さまが、自分が特別な修行をして、自分だけが特別な心境を得たというなら、それは民衆とは没交渉である。繋がりがないということであったら、お釈迦さまは失望されたと思うんです。

ところが、お悟りをしてみると、その悟りの心は人間という人間には誰にも具わっているということになると、言い替えますと、人間は初めから救われているということです。

ですから、ここをよく聞いて下さい。


「衆生本来仏なり」


という大胆な命題は、本当は、人間は本来――本来というのはもとからということです――もとから救われているんだ！　ということです。

改めて特別の善行を積んだとか、特別の修行をしなければ救われないのではない。本来救われているんです。いいですか。

ただ現実の問題としては、本来救われているという、この信念に徹し切らないことなんです。それが迷《まよ》いです。仏道の修行は、すべて衆生は本来仏であるという、この根本の信心をはっきりさせる修行なんです。

仏法にはたくさんの宗派がある。御承知のように、自力もあれば他力もある。その他いろいろの形を持った宗派があります。それらはどれもあの手この手で、人は仏さまであるということをいっている。自分も仏さまになれる――他力では仏さまに救っていただくといいますが、ともかく自分が仏になれるという、これが確認されることなんです。それが仏道の大目的であります。

ですから、この「衆生本来仏なり」という言葉は、たいへんな言葉なんです。お釈迦さまが命がけで御修行なすった、もう十分の代償をこれでとれている。仏法も今はあまり世界的に力はありませんけれども、この教えを明らかにして、人類が本当の平和に、本当の幸せにいけるというならば、これはどんな発明よりも素晴しいと思う。

光を取り戻す

発明ということでいいますと、科学者や技術者は次から次へと新しい道理を発見・発明してくれます。

しかし、いろいろなものを具体的に造ってくれます。

しかし、私どもの仏教の世界では、最初に見出されたお釈迦さまが尊いことは申すまでもありません。

このお釈迦さまの教えを深めたり、広めたりして、仏法をこんなに素晴しいものにしてくれたその後のお弟子方を、われわれ後輩として尊敬する気持を以ってすると、菩薩方と申します。仏教ではお釈迦さまを仏と申し上げて、その他の優れた御弟子方ではあっても「仏」とは言わない。

それは、多くは何々菩薩と申します。日本でも、日蓮さんに菩薩という称号を贈っているようですが、そういうことです。

また役《えん》の行者は神変《じんぺん》大菩薩ということになっておりますが、菩薩ということは大心の有情、つまり大きな心の人という程のことで、まあ驚く程のものはないんです。

インドでいうと、龍樹《りゅうじゅ》菩薩とか、天親《てんじん》菩薩とか、世親《せしん》菩薩とかいって、優れた仏教の祖師方を菩薩と申します。弥勒《みろく》菩薩なんていう言葉もありますけれど。

つまりこういう人々が、やはりお釈迦さまの発見された真理を、さらに自分達の努力や修行で、深めたり、広めたりして、いわゆる大乗の教理というものが成立した。

ある意味でいうと、真理には完成ということがないと私は思うんですね。「衆生無辺誓願度《しゆじょうむへんせいがんど》」というと、衆生が無辺だから誓願も無辺です。われわれの人間生活が続く以上は、文化も、思想的なことも世界の進展も無限だと思うんです。

完成ということは理想でありますが、その完成の度合や、完成の内容が違って来る。ですから、菩薩方によって、非常にお釈迦さまの教えは深められたり、広められたり、われわれとして受け取るのに内容がおそろしく豊かなものとされたのであります。

たとえてみたら、ここに宝石がある。歴史はその宝石に磨きをかけて、この宝石の光を素晴しく輝かしてくれるようなこともあります。しかし、歴史は同時にまたそれに埃をかけたり、ゴミがついたりして、光を曇らす作用もするんです。

この玉の光を光らせるように、積極的に磨きをかければ結構ですけれども、それよりもまず積もった埃をよく払って、本来の光をまず取り戻す、この努力が必要だと思います。私が、仏教をわかりよく説こうとして努力しておりますのも、実はそれです。

歴史というものは、尊い教えに尊さを加える場合もあるけれども、逆に迷信とまで言わないまでも、本来の光や力を失わせるような埃やコケなんかを、くっつける作用もある。

ですから、われわれはそれを始終拭って綺麗にする。こうした努力も大事だと思います。仏教そのものは、二五〇〇年前にお釈迦さまによって始められたものですが、真理は永遠に新しい。それが真理が真理である以上は、いつまでも輝きを増してゆくものと、人類の文化が進めば進むだけ輝くものだということを信じております。まあ私は仏教の前途に対しては、そういうことを信じております。

光は東方より

去年の五月頃であると思いますが、デンマークのある世界的に有名な作家がＮＨＫの番組のために日本に来ました。この人が禅について質問をしたいというから、会ってやってくれと頼まれたことがある。

この小説家の禅についての質問が実に専門的な領域にわたって、微に入り細をうがっているのに私は驚きました。感心しながら彼の質問に答えておいて、済んでから私が逆に質問したんです。

「あなたはなぜそんなに細かく禅を研究しましたか」

「いや、私の国の民衆の禅への関心は非常に高くて、毎日の新聞や雑誌でも禅という文字を見ない日はないくらいだ」

と、こういうんです。

「それじゃ、あなたの国の人がなぜそんなに禅に関心を持つに至ったのか。その理由をどうお考えになるか」と聞いた。

彼がいうのには、「私の国の宗旨はキリスト教ですが、キリスト教の教えには少々困るところがある」というんです。

というのは、「キリスト教では、自分の教えの神だけが真実の神であるという。バイブルに説く教えが真理であって、他の宗教の教義は真理でないといいます。こういう独断が、科学的な頭を持った現代人には困ります。科学者というものは自分がどんな偉大な真理を発見していても、明日には自分の発見を上まわる新しい発見のあり得る可能性を信じます。ですから自分の教えだけが真理であって、他は嘘であるというようなことではついて行かれない」

ニールズ・ボアという世界の大学者がデンマークにおりますが、ボアもいっているというんです。この人は科学者としてノーベル賞をもらい、原子力平和利用賞第一号というのを受けた学者です。「ボアもそれをいっている」というんです。

それから、これはまあ当然ですけれど、

「キリスト教には、クリスチャンたるものは、こういうことはこう信じなければいかん、それから、こういうことがらには、こういう行動をしなけりゃならん、生活の掟というものがあります。

ところが今の若い人達はあくまで自由に考え、あくまで自由に行動したいという考えを持っている。これらもまた若い人がついていけない理由のようです。そこで科学者の考えと背馳しているキリスト教がそういうふうなところで行き詰ったところへ、仏教は科学的合理性を持った宗教であるということと、それから禅が何等形式に捉われない、つまり自由さを持って登場した。

その絶対自由性を持っている禅、それから合理性を持っている仏教のこういう所に惹かれているのじゃないか。

いうまでもなく、長い間信仰されてきたキリスト教ですから、それが信じられないとなると、民衆はそこに大きな空白を見出す。その空白を禅によって埋めて行けやしないか、これがこんなに禅に惹かれている所以ではなかろうか。そう思う」と、かいつまんでいいますとこういうことでした。

私はこれを聞きながら、宗教に対する空白感といおうか、何か虚無的に頼りにならないというような不安感をもっていることは、ひとりヨーロッパの人だけではない。日本人は、いっそう不安感といったものが強いと思うんです。

というのは、日本は明治以後、宗教教育というものを排撃した。日本の近代の思想史というか、その面ではずいぶん変な時代があるんです、もう科学万能の時代――。

それですから日本の人々、ここにいる多数の方もそうだと思うのですが、信仰的な気持は非常に薄いんです。

そうかといって仏教の教義にも徹し切らないし、仏教というものも知りやしません。今の日本人は、少し仏教を勉強したヨーロッパ人ほどのことも知らない。

私が、こうした立場にいて経験することは、キリスト教の勉強をして、キリスト教の信仰なら信仰を一度経過して、いわばキリスト教になにか不安や行き詰まりを見出して来た人の方が仏教に入るにも早いんです。

ところが、日本人にはその予備教育もできていない。しかも、甚しくいうならば、自分の空白も自覚していないといったような状態がある。

ヨーロッパ人はキリスト教の信仰に行き詰まりを感じて、そこで東洋に仏教というものがあると感じている。もっとも西洋には「光は東方より」という言葉が一世紀ばかり前からあるんです。

その文字通りに東に仏教という宗教があり、そして禅というものがある。まるで宝石の鉱脈でも見出したように、憧れて一生懸命勉強している。

日本人は、彼等からそんなに思われている仏教の、世界における唯一の伝統を持っている国ですが、そのどまん中にいて、「われわれには何にもないない」と、こういっている。

それこそ、

衆生《しゅじょう》近《ちか》きを知《し》らずして　遠《とお》く求《もと》むるはかなさよ
譬《たと》えば水《みず》の中《なか》に居《い》て　渇《かつ》を叫《さけ》ぶが如《ごと》くなり

と、現代的にいってもそういうことになっているんじゃないか。

ヨーロッパの人の不幸と、日本人の不幸と、どっちが不幸だろうか。宝の山にいて、宝の所在に気のつかない日本の民衆の方が不幸だというべきじゃないかと、こんなことを思いました。

つまり世界の大勢は、欧米の人々にはそういう傾向が、これはアメリカの人にも、イギリスの人にも、ドイツの人にも、みんなそういう傾向はあるんです。

しかし、そういったからといっても、皆さん、向うに行ってみれば、日曜には礼拝に教会にたくさん集まって、善男善女的な、習慣的なものに集まっている人はいっぱいいるんです。

いっぱいいるが、若い人達やものを深く考えている人達は、今いうような状態にあるんですね。

私はさっき真理は永遠に新しいと申しましたが、仏教のそうした性格は、将来やはり人類のために大きな役割を果たすのだと思います。

どんなに科学が発達しても、科学の真理性ということは、ああいうふうに実験して行くんですから、それはそれでいい。

ただ、科学に人類が使われてしまって、人類がどうすれば幸せになるかという、基本的な人類の目標を見失ってしまいそうな現代を、いちばん憂えるのであります。

科学にその誤謬＝誤りを忠告するのには、科学もまた信頼するだけの性質を持った宗教でなければならない。「お前には俺のことは解らんよ」と科学者にいわせる宗教では、科学の誤りを修正したり、忠告したりする資格はないと思います。

そういう意味で、私は仏教というものは、まだまだこれから、本当の光を発するものであると思うのであります。

それには、世界に唯一といってよいと思う仏教の伝統を持っているわれわれ日本人は、やはりもっと仏教を勉強もし、また正しく、またわかりよく、そして変な迷信や何かをこそげ落して、そしてフレッシュなものとして現代に仏教を突き出す。

そうした義務が、日本のわれわれにはあると、思うのであります。

第二講

昨日は第一句の「衆生本来仏なり」だけで終わってしまいました。

これはどれだけ申し上げてもキリが無いんです。本当いうと、仏教はこの一句で本来は済んでいる。これが徹底すれば、それで仏教はものになったということになります。

しかし、いつも申す通り坐禅をするにしても、その他の仏道修行をするにしても、人は本来仏であるという、この根本の信心の決定《けつじょう》することが何より大事です。

仏教の歴史をみれば、この信心の変遷が教義の変遷であり、同時に各種の宗門の開けた理由であります。

不滅の門は開かれぬ

古い経典を見ますと、お釈迦さまはお悟りをされた時、「わしは不死の門を開いた」といわれたとあります。これはビナヤ（Vinaya）の五分律（姉崎正治さんの訳で読めますが）に出て参ります。

お釈迦さまがお悟りをされた時、梵天という神さまが出て来て、お釈迦さまに御説法を願ったということです。何も本当にそういう人が出て来たのじゃなかろうと思うんですが、経典にはそういうことが書いてある。

お釈迦さまがお悟りをされたならば、その悟りを皆に聞かせて喜ばせてやりたい。これは当り前のことですが、しかし、それを梵天が仏陀にお願いした時にこういうことをいったと書いてある。（以下、姉崎正治著、博文館蔵版『根本仏教』第四篇、第二章「梵天勧請」より引用）

「今まではマガダの国中に邪法ありき

穢れあるもの不浄の法を考へたり
今不滅の門は開かれぬ」

不滅の門、これは教えの永遠性を意味し、また人類にとって自己の仏性の不滅の門が開かれたということでしょう。

「(人は皆)離垢《りく》の人が悟りし法を聞くべし。」

離垢《りく》とは穢れを離れたということ、お釈迦さまが悟られた――その人の悟りし法を聞くべし。

「恰《あたか》も山の頂、岩の上に立ちて
諸方に人界を見るが如く」

これは原始的な人達の生活が出ている様《さま》ですが、山の上か岩の上に立って諸方を見はる

かすように、

「善賢の人よ、此の如く真理に従ひ、
普眼者は楼台に上りて見よ。」

善賢の人というのは、善い賢い人ということです。こうして本当の教えに従い、普眼者は、あまねき眼と書いてありますが、よく見えることでしょう。高い所に上って見よと。

「憂いを絶ちし人は憂いに沈める世間を（憐《あわれ》め）」

憂いを絶ちし人――つまりお釈迦さまのことでしょうね、この世の中には心配事がいっぱいありますが、その憂いの源を絶った人は、憂いに沈んでいる人々を憐れめ。

「生と老にて服せらる、世間を憐み見そなはせ。」

生と老に服せられるというのは、支配されているということで、悟りをしない人間の普通の生活であります。悟りの眼を持った者から見れば、この生と老とに支配されると信じている人々は、可哀そうではないか。それを見てやれ。

「丈夫よ、束縛に勝ちし丈夫よ、立て、」

丈夫というのは、「ますらお」のこと、束縛に勝ちしますらおよ、立て。いつもいう通り、解脱というのは、束縛に対しての解脱である。縛られていない人の、解きほぐされるということはない。

「師長よ、無礙の人よ、世界に遍遊せよ、
礙《さわ》りのない人よ、世界にあまねく遊べ。
世尊よ、教を説け、
（世に）知見の人生《しょう》じなん。」

世尊よ法を説いて下さい。そうしたならば世界にも、そうした悟りの解った人が出るだろう。こういうふうにお釈迦さまに対して、梵天が勧請した。一番大事なのは、

「今不滅の門は開かれぬ」

ということの一句です。

われわれは生老病死の四苦に支配され、生物は生まれたら絶対に死ぬと決めております。そう決めつけているわれわれに対して、不滅の門を開かれたということが、その時代の人々にとってもたいへんな感激であった。これは、まあ当然であります。

永遠な命

ところが、お釈迦さまがおかくれになると、皆の間で問題になりました。

つまり釈尊の肉体は亡びたが、その悟りと一体な生命は、ここで私が最初にいった「衆

生本来仏なり」という通り、絶対亡びないはずだ、というわけです。

そこで、われわれと共に生きておられるんだという信仰が仏教徒に厚く、強く出た。これが大乗仏教の、こうした信仰の基礎です。

これが『法華経』あたりになるとはっきりと出て参ります。代表的なものが『法華経』の「如来寿量品」であります。

お釈迦さまが生まれて出家して、修行して伝道して、涅槃に入った。こういうことは、実は一般の人を信仰に入れるために、仮りに涅槃を示したんだ。本当はお釈迦さまは、大昔の大昔から、ちゃんと仏さまであった。それが一応人間としての形をもって出てああいう御生涯を示したのであって、決してお釈迦さまは亡くなりもどうもしない。今も霊鷲山《りょうじゅせん》にいて、説法をし続けておられるというのです。

そして、お釈迦さまの命というものは無量劫《むりょうこう》でなんぼだかわからん、無限だという。この『法華経』の「寿量品」は仏の命の量の問題を説いた一節です。これが『法華経』でいちばん大事とされる所です。

歴史的にはそういうふうになって来た。ですから、仏教の教義の決定的な生命観が「衆生本来仏」という事であります。

こんな文章を挙げればいくつでもある。

お釈迦さまの命が永遠であるということは同時に、人類お互いも皆永遠な命を持っているということです。

『涅槃経』あたりには「一切衆生、悉有仏性《しつうぶっしょう》」ことごとく仏性を備えているとはっきりいっております。『華厳経』の「如来出現品」にも、お釈迦さまが自分が悟った時のことをこう仰せになったと書いてある。

自分が悟って見ると、

「奇なるかな奇なるかな、一切の衆生、如来の智慧徳相を具有す。」

「不思議だ、不思議だ」というんですね。すべての衆生が、人のみならず生物すべてが、如来、自分が悟ったのと違わない智慧も徳も備えている。

「只、妄想執着によるが為に修得せず。」

わかりやすく言えば、ただ迷いのために気がつかないのだ。こう『華厳経』にも申されております。

ですから、この「衆生本来仏」ということは、仏教のいちばん大事なことであります。

心の貧乏人はいない

ある宗派の信心を正直に戴き、そしてこの世で善根功徳を積んだ人でなければ極楽へ行けない。反対のものは地獄へ行く。

よくこういうふうに教えられておりますが、私自身の信仰からいえば、世界の中の道徳的な行為に若干の落度があっても、そんなことが仏になる妨げにはならない。

この世の中では、いろんな因縁で、条件で、よく考えてごらんなさいませ、われわれはしたいと思う善いことはとかくできないで、したくないと思う善くないことをしがちであります。

こういう習性を持ったわれわれが、善いことをしなければ仏になれないなんていっても善悪の相対的にあるこの世において、善いことだけして悪い事をしないなどという器用な生活は絶対といっていい程できない。

もし「わしは悪いことはしたことはない」なんていう人があるなら、これはちょっと反省の足らないお目出度い人だと、わしはいいたいくらいであります。

衆生の本来仏であるということは、ひっくり返していえば、衆生はすべて救われているということであります。改めて仏になるんじゃなくて、元から仏であります。

禅を修行したってこうであります。修行して本当に、皆仏だということを知ることだと思います。ですから、ここが若干、他の宗教と違って来るかも知れません。

すべて自分が本当に自由にしてみれば、すべての人は救われている。

只それに気がつかないのは気の毒だ。

心の貧乏人はいない。みんな大百万長者だと、こういう見解が立つのであります。

残念と無念

このことは、いくら言ってもキリがありませんからこうしておいて、後は譬えです。

衆生本来仏なり《しゅじょうほんらいほとけ》
水《みず》**を離**《はな》**れて氷**《こおり》**なく**

水《みず》**と氷**《こおり》**の如**《ごと》**くにて**
衆生《しゅじょう》**の他**《ほか》**に仏**《ほとけ》**なし**

これは譬えですから世話はないですね。仏と衆生との関係は水と氷のようで、「水を離れて氷なく」——氷というものは、暑い時には皆に可愛いがられますけれども厄介なものです。

最近はあまり氷にぶつかって沈んだ船はありませんが、われわれの若い時分にはタイタニックなんて世界で一番大きいといわれた三万トンかの客船が、大西洋で流氷にぶつかって毀れて沈んだことがあります。

氷はそういう厄介なものです、コチコチのものです。ですがその元はというと水なんです。

水は「柔軟方円の器に従う」という通り融通無礙のものであります。その融通無礙の柔軟な水が、寒さという縁に逢うと、コチコチの頑固になってしまう。角ができたり、固くなったり。そして、船を沈めたりする。われわれがこの肉体を亨《う》けて、肉体そのものも縁でできておりますが、そのほかの環境によって、またわれわれもいろいろなことをやり出す。ですが、人間がどんなに迷っても、仏である。どんなに大きな氷でも、水なんです。三万トンの船を沈めるような固りも水なんです。やがて夏になれば溶けてなくなる。われわれの煩悩がどんなに大きくても、やがて溶けてしまう。

昔の話に、地獄へ行った人が、

「わしは恨めしいあいつが世の中にいるから、もういっぺん化けて出て、あいつに祟ってやりたいと思うが」

と友達に話した。そうしたら、

「お前死ぬ時に、なんて言って死んだのだ。お前も処刑されたんだろうが、その時何て言って死んだか」

と言ったら、

「無念とこう言って死んだ」
「それじゃ駄目だ」
「なぜ?」
「無念じゃもう世の中に出て行く手懸りがない。残念と言って、後へ念を残して置くと出てこれた」

われわれは残念と無念はひとつにしていますが、字に書けば違います。銀行の通帳に残金と書くと無金と書くと違うね。

われわれは実は無念なんです。あなた方が「わしのような煩悩の多い奴が地獄へ行ったらどんな事になるかとか、閻魔さんにどんな目に会わされるか」なんて心配なさることは要らんです。

あなた方はどんな大ぼら吹いたって……あのネ、この世で嘘ついた奴は閻魔さんに舌ビラを抜かれる。閻魔さんというと死んだ後のように思うが、この世で舌ビラ抜かれるかも知らん、時々ね。しかしそんな後のことは……。

この世は見ようによると嘘で固めたもので、無い物でできているんだといってもいいんですから。

酷《むご》いことをいうが、本当はよく見たら無いものなんですよ。秀吉が偉いの、ナポレオンが偉いのといっても火葬にして壺へ入れてしまえば、これだけになってしまう。後は何にもいやせん。本当いって、皆「無念の念」に帰してしまう。

ですからあなた方が、あいつが恨めしいなら何ぼでも恨むがいい、可愛いならいくらでも可愛いがるがいい。可愛いがったら執着で仏になれまいかとか、恨んだら煩悩で地獄へ行くかとか心配要らんよ。そっくり焼いてしまうから。そのまま焼いてしまうよ。何もかも。

仏の心

この頃はゴミを棄てる所が、こんな寺でさえ困る。あなた方も困るでしょう。僧堂のお勝手で、わしは雲水達にいっております。燃えるものは絶対燃やすようにしにゃいかん、よくよく生物《なまもの》の水気の物でなければ、こっちに入れなければいかんと、ブリキ缶を二つ置いてある。燃えるもの、それがじきにいっぱいになるが、風呂場に持って行けばボーッと片付いてしまう。世話がなくていいなと思います。

燃やして処理するという方法がなかったら、そこら中残り屑ばかりになってしまう。幸いわれわれの煩悩も、迷いも、ちょうど残り屑のように元がないというのは有難い。これがあいつの煩悩、こいつがあいつの煩悩と、煩悩を棚へとっておいたらたいへんなことになるが、どんなに残り屑がいっぱいになっても、行ってボーッとやると済んじゃうようなものです。

仏教は学問的な宗教ですから、この「衆生本来仏なり」という悟りの心にも、たくさんのむつかしい名前があるんです。

わたしは、そのうちからただ一つ、いちばんわかりよいと思う「仏心」という言葉をとって、これを代表的に使っている。

「仏心」とは「仏の心」ですね。仏心は、私どもの心の元なんです。

今までいったお経には「一切の衆生はその仏心を備えている」と書いてあると申しましたが、それを私は、実は自分の信仰として、仏教を新しく理解してもらおうと説く結果として申し上げてきたのです――。

仏心は宇宙を包んでいます。空間的にいえば全宇宙が仏心です。

空間的に全宇宙を包んでいる仏心ですから、時間的にも無始無終ですね。初めもなければ終りもない。永遠に生き通しです。

われわれはこの広い空間に生れて来て、広い空間に住んで、広い空間で息を引き取って行くように、われわれ人間はその悟りの仏心の中に生まれて来て、その仏心の中に住んで、仏心の中で息を引取っていくんです。

ですから、私どもの世の営みの一切は、仏心の中です。

今言った残り屑とおんなじだ。どんな煩悩や迷いがあっても、本当は仏心の火でいっぺんに片づいちまう。

ただ、問題はこの世に生きている間に、どうそれをうまく調和させて行くかということです。それが、この世の問題です。

本当いったら、あの世も、この世もないんです。

だが、ともかくわれわれのめいめいAとかBとか名前をくっつけて、別々の人格を持っているんですから、これがまた糞も味噌もいっしょくたで悪平等では面白いことはない。Aは甘い物が好き、Bは辛い物が好きといったふうにですなあ、個々のいろんな因縁を持って出て来ています。

それぞれがそれぞれの因縁に従って生活をし、楽しく生きて、そして互いに他を侵し合わないようにうまく生きることが大事です。それが、「人間の道」というんです。ですが、宗教はもっと基本的な問題です。人間のいちばん基本の問題、生や死の、生命の問題を、すべて「仏心」というものによってはっきりと基礎づけてゆくのであります。

今わしは氷の話をいたしましたが――われわれは氷のようなもので、縁によって出て来た。氷となると、割りようで小さな茶碗には入らんとか、頭をぶつけても痛むようなことになります。

われわれの心の元が仏心であっても、縁によってこうして出て来て、われわれの体も縁によってできて、丈夫にも生れ、弱くも生れ、また縁によって賢くもなり賢くもなくなり、不良にもなれば良い子にもなる。いろいろの縁によって、そんなふうになっているんです。ですから、これが皆切って揃えたような人間になりっこない。なりっこないけれども、それでは争いが絶えない。

それを、お互いの性格を認め合って、譲り合ってうまく生きて行く。うまくという言葉はずるいようですが、本当はうまく生きて行こうとするのに、仏心の裏づけのあることが大事なんです。

「オレが、オレが」といってコチコチになっていると、氷か石にでもなったような気になってしまう。

氷の角は、こんな三角に生れた以上は、この三角はとれないなどと思う必要はないんです。やがて氷ですから溶ければ角はなくなる。人間の癖や何かでもそうでありまして、ここへ修行に来る人だって、それぞれにそれぞれの自分で処理のできないような問題を持って来るのであります。

それだっても、仏心の徳とでも申すべきでしょうか。そうした広い心の世界のあることを知れば、知るといったのでは頭で知るんですが、坐禅によってその仏心に近づく。狭い心も広くなり、暗い心も明るくなり、トゲトゲした心もゆったりとする。

これは必ずそうなるんです。ですから決して心配要らない。

こうした信心を持つと持たないのとでは、そこにたいへんな違いが出て来る。自分でどうにもならん性格も、自然に柔らかくなる。それから、広い心をもって処理すれば何でもないことが、狭い心やトゲトゲした心をもってするとギスギスしてしまって、自分も苦しみ、人をも苦しめる。まあ、たいがいのことはそうです。

みんなが仏さま

世の中で長者といわれる人、お経の定義では富もあり心も豊かで智慧もある人のことですが、人間の長者、幸せな人というのはそういう人だと思います。ものがあっても心の狭い人は駄目です。位があってもそう。ですから心の豊かな人、智慧の広い人はどこへ行っても困らない。われわれに大事なのはそっちが先だと思います。

日本人の収入倍増といいますが、かりに今の金でどこの家庭へも五百万円宛もやったら、かなり余裕ができるでしょうけれども、そんなものがそう増えたからといって、これを使う人の心がうまく調整されなかったら、私は同じことになると思います。

そういうわけで、水と氷の関係と、仏心とわれわれの現実生活の肉体が、ちょうど似ているというんです。どんなにギスギスして、やっかいなわれわれの迷いや煩悩も、その元は仏心を離れていないということです。この譬えは真にわかりよい。

ここでは唱えませんが、お説教の時はいつもあなた方も唱えています。

「願わくはこの功徳を以って普《あまね》く一切に及ぼし、
我等と衆生とみな共に仏道を成ぜん事を」

と唱え、あとに、

「十方三世一切《じっぽうさんぜいっさい》の諸仏《しょぶつ》、諸尊菩薩摩訶薩《しょそんぼさつまかさつ》、摩訶般若波羅蜜《まかはんにゃはらみつ》」

と申しますが、この「十方三世一切の諸仏」ということを、私はつい数日前ふと考えてみた。

「十方」ということを考えて御覧なさい。われわれのこの平面の世界は大体四方か八方、それにもう一つ入れれば十方になるか知らんが、仏教でいう十方は平面じゃないです。縦、下も入っている。

地球の表面に住んでいるわれわれは、とかく平面的な世界しか考えませんが、お経で十方というと、宇宙的な視野に立ったもののいい方なんです。

普通のわれわれの生活は、地球の表面に立っていますから、ともかく大地は平らだということに昔の人は考えていたんです。

仏教の十方は、たとえば飛行機に乗れば解る。飛行機に乗って、高い何万フィートの上に行って御覧。何にもありはしない、十方世界になるんです。上も下も空。

地球の表面にくっついて生活しているから、下が解らない。ですが、空間へ出れば十方です。

インド人はなぜか、そういう宇宙的な観察というか、想像力が発達していた。「十方」と来るんです。

全宇宙どっちへ向いても、上へも下へも右へも左へも、そうして三世という時間的なもの、過去、現在、未来、その一切の諸仏。そこにいっぱい仏さまがいらっしゃる、そのすべての仏。

これをうっかりしていると、何でもないように聞き過すけれども、よく考えてみると、それじゃその仏はどれか。

円覚寺の本堂に三百人おいでるとすれば、三百人は無論の事、日本国中には九千万いる。世界には二十五億とか二十七億とか、それだけじゃないんです。十方三世だから大変だ。金星の世界にもいるか知らん。火星の世界にもどんな人がいるか知らんが、どんな形をしておったって、それが皆仏さまなんだ。面白い考えです。

十方三世一切の諸仏、皆それが仏さまだ。だから仏ならざるものは宇宙にないということです。地球の人間だけが人間で、他のものは人間でないということじゃない。

それをまたインド人の考え方では、よその世界にも地球以上に優れた仏道があり、世界があり、また立派な仏さまが立派な教えを布《し》いて、立派な教化を挙げて、しかも地球よりはるかに優れた理想仏の仏の世界を作っていると考えているんですね。

十方三世一切の諸仏の世界なんです。なかなか楽しい世界だと思うですな。皆さんの唱える「十方三世一切の諸仏」というのは、そういうことです。

衆生《しゅじょう》近《ちか》きを知《し》らずして　遠《とお》く求《もと》むるはかなさよ

それだのに、みんなが仏さまといったら、遠いように思って――「近きを知らずして」、遠方のように思って求めているのがはかない事だと、白隠禅師が嘆いている。

譬《たと》えば水《みず》の中《なか》に居《い》て　渇《かつ》を叫《さけ》ぶが如《ごと》くなり

首まで水の中につかっていて、「ノドが乾いた、水を一杯くれないか」といっているような愚かなことだというのです。

あなた方が円覚寺に来て禅の話を聞いて、仏道のことを知ろうとする。まあ、それは順序としては今のところそうですが、ほんとうはあなた方が仏さまだ。

数日前、アメリカ人が来て、「有難う、今日は」くらいの日本語しかできない。わしも英語はできやしない。それでも幸いに、アメリカで日本人について一九三五年から禅の修行をしていたという女性がいっしょでした。ですから片言で何とかかんとか話し合ってみたんですが、心の問題というのは面白いものですね。

禅というものは難しいといえば、いくらでも難しいけれども、（老師、卓一下）このカチンと聞いているのは、おそらくあなた方もカチンと聞いているところに、学問のあるなしも、若いも年寄も、男性も女性もないんです。（卓一下）ただカチン。（卓一下）この何らの意識も分別も加える余地のない心境を解っていただくと、十方三世の世界もわかる。

この（卓一下）カチンはカチン切りです。わしはその女性に、「どうせ話せないのだから、言葉は必要ないじゃないか、おれの顔を見よ」とそういってやったら、大笑いした。

そのアメリカの女性が、いくらかそんなことが解っているものだから、笑ったことがあります。

長者窮児の譬え

「譬えば水の中に居て渇を叫ぶ」これには昔こういう話がある。

アメリカの、ミシシッピー河かな、ともかく大きな海とも何ともわからん河での話です。昔のことですから、外国の船なんか地理的によくわからないんでありります。

イギリスの船がその河へ入って来て、相当遡っているのに未だ海だと思って、向うから来たアメリカの船に信号を送った。

「乞う、飲料水をわけて」

飲み水が足らないから、飲み水をわけてくれという信号を送った。そうしたらアメリカの船がサインを返して、

「乞う、バケツを下ろせ」（笑）

河の上にいることに気がつかないから、水をよそからもらおうと思った。ところが、お前は飲み水の、真水の中にいるんだ。「乞う、バケツを下ろせ」といったというのですが、なかなか面白いと思います。

長者《ちょうじゃ》の家《いえ》の子《こ》となりて　貧里《ひんり》に迷《まよ》うに異《こと》らず

この文句は、これは仮名で書いて見ると、「長者の家のことなりて、貧里に迷うにこと、ならず」となって、ちょっと掛けことばというか、洒落ているようなところがあります。だが、これも『法華経』の譬えです。「長者窮児《ぐうじ》の譬え」と申しまして、有名な話です。

ある大福長者があった。しかるに独り子が若い時に誰かにかどわかされたかどうかして、行方不明になった。なんぼ探しても見つからない。

さあ長者は心を砕いて、あの手この手として年月を経たが解らん。あっちにも別荘を置き、こちらにも別荘をおきしてその子を求めたが……。

ところがある日、長者が居間に座って玄関の方を見ていると、玄関へ物乞いに来た青年がある。それはまさしく自分の子だということが、直観で解った。

確かにあれはわしの倅だ。こう思ったので執事に、

「それあそこに来た若い物乞いをつかまえろ」

といった。それで執事が行ってつかまえようとすると、すっかり本当の物乞いになっていますから、

「わしは、ただ物をもらいに来ただけで、悪いことをしたんじゃありません」

と、あたふた悲鳴をあげて逃げてしまった。

そこで長者は困ってしまった。

「あれはわしの倅に違いないんだが、あそこまで物乞いになりおおせてしまっては困ったものだ」

そこで物乞いの親分を探し出して、「お前の所にこういう若い奴がいるが、あれをわしの所に一つよこしてくれ。わしの所によこせば必ず毎日たくさん物をやる。まずわしの所へよこしてくれ」

親分にもたくさんやるからというので、その親分も喜んでその物乞いをよこした。それ

で、しばらく毎日のようにその物乞いが長者の家に来る。

「あの家は、どういう訳か知らんが、わしにはよくくれる」

と、若い奴も嬉しがって来た。そうこうしているうちに一歩進めて、

「お前は始終そういうふうにしているが、そんな立派な体をしてそうしているのももったいないから、わしの家の便所掃除をしろ、そうしたらいい給金をやる。大してしなくてもいい、少しすればお給金をたくさんやる」

といってだまして、そして便所掃除、次には庭掃除、次には室内掃除っていうふうに、だんだん取り立てた。

そして、ついには自分の家の執事にまで取り立てて、親父は本当の子ということをその時は知らさないで、

「わしは、お前が子供のような気がしてならない。決してもう不安に思わんでもいい。お前のことは、わしが十分の責任を持つから安心してやれ」といって、家の万端の処理をさせた。

最後には、長者の財産の処理や、一切のことをその子供がすっかり覚えてしまって、気持も大きくなり、実際にわが子であるということを知らせないでも、立派に長者の跡を継

げるというほどに成長した。

「其時」――お経にはそう書いてあるんですよ――一夕宴会を設けて、国王大臣以下、朝野の貴紳を呼んでおいて、

「諸君！　本夕はおいで頂いて真に有難い。実は今まであなた方もお見知りのここにいる、私の執事として使っていた青年、これこそ実は私の実子であります。ですから、今日この財産も家も全部をこのものに相続して、私は隠居いたします。どうぞ私と同様によろしく御願いする。」

こういって、ゴソッとその大財産を譲った。

だが、かつてはつかまえられまいとして逃げ回ったほど落ちぶれた、何もかも低くなってしまっていた青年が、そこまで育ってしまったから、平然としてこれを受けて、ああそうだったかというような顔をして、何も不思議なような顔をしないで、その父親の跡目をついだというのです。

これが「長者窮児の譬え」で、何を意味しているかというと、人間は元から仏であるのに、仏という自覚を持つことが容易でないことを教えている。

人間は愚かなものである。罪の固まりである。

こういうふうに教えられている人々を、「あなた方は仏ですよ」ということは、たいへんなことなんです。

しかも、すっきりと信じ切るということは、容易なことではない。それで『法華経』も、やはりその意味でこの譬えを説いてあるんです。

「貧里に迷うに異らず」ということです。

六趣輪廻《ろくしゅりんね》の因縁《いんねん》は　己《おのれ》が愚癡《ぐち》の闇路《やみじ》なり

これからは、ちょっと仏教の教義的な構成のことを言わにゃなりませんが、仏教では一心十界——一つの心が十の世界に分れる——という説き方をする。

一心十界

- 四聖
  - 仏
  - 菩薩
  - 声聞
  - 縁覚
- 六趣（六道）
  - 天上
  - 人間
  - 餓鬼
  - 修羅
  - 畜生
  - 地獄

上の方が四聖《ししょう》声聞《しょうもん》、縁覚《えんがく》というのは仏教の構成からいうと小乗の悟りをした人なんですが、しかしこの四つはともかく悟りのできた階級です。

それから後の六つは、六趣――六道といって悟りのできない迷いの世界です。

われわれは天上界というと羨ましいように思いますけれども、天上にもなお五衰ありという言葉がある通り、天上界も悩みや苦しみのある世界で、人間界はわれわれの世界です。　そして餓鬼というと心の乏《とぼ》しい人、つまり貪り心、ものに執着の多い貪欲の人が受ける下方の世界であります。物惜しみした結果、食物も食べられず、飲む物も飲まれんというような、餓えたる鬼だと書いてあります。つまり、これはわれわれの心の暮しの貧しい人のことです。

修羅というと、これは怒る、腹を立てることが原因となって現れるわれわれの世界――

修羅道――戦争を修羅道というのはそれです。

それから畜生というと、生物の本能にだけ支配されて何ら倫理的な考え、自己を規律しようとする考えのない生活。

地獄というと、これは人間の迷いを総括した、人間の無知からできる一切の苦しみを意味している。地獄というものはそれはたいへんなんです。インド人というのは想像力が強いので、地獄は研究すると面白いくらいたくさんあるんです。そりゃダンテの「地獄編」どころじゃない。

というのは、われわれの迷いの種類が多いということである。地獄というと死んでから行くのだと思っていますが、決してそうではない。われわれの生活に地獄があるのだ。真にたくさん。

無間《むけん》地獄なんてことがあるでしょう。無間とは苦しみの絶間のないことなんですよ。間が無いというのは、絶え間のない苦しみが続くこと。

苦しみも、たまに少し宛《ずつ》ならいいが、続くと辛いですね。

この「天上、人間、餓鬼、修羅、畜生、地獄」、これが六趣ということです。輪廻というと、ぐるぐる廻る。

周遊切符と昔はいっていましたが、一枚の切符でぐるぐる廻れる旅行券がありますな。あれみたいなもので、われわれはなかなか悟りの世界へは容易に行かれないけれども、この天上、人間、餓鬼、修羅、畜生、地獄、この六道なら終始勝手にフリーパスで通れるんです。どこへでも、朝から晩まで行ったり来たりしとるんですよ。

ちょっと地獄へ行ったと思うと、また天上界へも出るし、ちょっと天上界へ出ていい顔つきをしたと思うと、たちまち修羅界へ出て真赤な顔もしてみるし、といったようなふうにわれわれの生活はあるわけです。輪廻というのはぐるぐる廻るということ。

因縁条件は「己が愚痴の闇路なり」、皆われわれの心の迷いの結果であるということですね。

これから脱出する方法は、仏心の信仰に覚めて、自分達の怒りも、腹立ちも、物惜しみする心にも実体のないことを知って、それに囚われないように、それの支配に任せないように、自分の生活を調整する。

宗教はそうした基本的なものを摑んで、そしてこの世の中のいろいろな条件を調整する。その力を与えるものだと思います。

ただ外から締めつけて、他律的にわれわれの生活に秩序を保たせようとするんじゃなくて、もっと大きい世界をみる。

子供のしていることを、われわれ大人は見ちゃいられんという。これは、大人の世界が子供の世界を越えた広さを持っているからです。

人間の世界でも、下らないことに悩んだり苦しんだりしている人に、「そんな事何でもないことですよ」と人間ができた人はいいますけれども、悩んでいる本人にとってはそうではない。そこのところの違いが大きいのです。

宗教というものは、そこのところを「衆生本来仏なり」、ここに仏心の信仰を要し、それからまたわれわれがその信仰に基づいて、不断の修養を必要とするということになるわけであります。

第三講

繰り返して申し上げますが、仏法の信心の大もとは、お互いに仏であるということを信ずることであります。

「衆生本来仏なり」

この一句をはっきりさせることが、仏道修行の全体であるといってもいい。

私はこの「坐禅和讃」の言葉に従ってお話していますが、私の話の目標は、皆さんがこの信心を我がものにしていただきたい、というところにあるのです。

久しぶりで長野県の諏訪市からここにおいでた人があります。その人は肝臓と胃潰瘍の大手術を受けて、永らく病床生活をして出て来られましたが、まだ本当にお治りになっていません。それでも、たまにではありますが、ここへ何年か通っておられる。今朝も私に、「衆生本来仏であり、いつこの生を終えても不安はない」ということにだけは達しましたと、こういっておられました。

私もこれを聞いて、大層嬉しかったのであります。

人間は病気をして、生を終るということは、生物の本能として、決して幾つになっても嬉しいもんじゃないに決まっております。

この世には親しい者もいっぱいいるんです。そしてまた、やりたいこともあります。たとえ自分の体が動かないでも、自分の仕事なり、意志なりを継いでやってくれている者でもあれば、それの成功、仕事の発展を、できるならいつまでも見守ってやりたいというのは人情であります。

ですから年をとっても、いつ死んでもよいと、死にたいと思うことは、逆にこの世がよっぽど苦しくでもない限り、私はなかなか人間はそう思わんだろうと思います。

ですが、お互いにどういう条件が発生するかもしれません。病気とか怪我とか、その他、われわれは不意にこの生を終えんならんことができます。そんな時にジタバタしない。あ、来たかといったような……。

心の構え

太田道灌という人が、闇討ちを受けた時に、

かかる時さこそ命の惜しからめ
かねて亡き身と思い知らずば

と、こう口ずさんだと申します。これはまあ作り話かも知れませんけれども、昔の武士というものは、常に死を覚悟して、死というものを怖れない。いつ到来しても、慌てないというたしなみを、武士の世の常としていた。

殊に典型的武士であり歌詠みでもあった太田道灌には、そのくらいのことはあったろうとおもいます。決して渡り合っている間に声高らかに吟ずるように、

「かかる――とき――」

などとやったかどうか怪しいもんですけれども、これは彼の半生を知る者ならば、かくあ

ろうといって許すことのできるだけの修行が、彼にあったからだろうと思います。

皆さんも、こうして御縁があって信心の話を聴いていただくんですから、やはり生死の問題については、他人の話と思わんで真剣に聴いていただきたい。病気の時なんかは、さあ、その時が来たぞといって、慌てないで、できるだけ心も広くいけるように、実際に信心をつかんでほしいと思います。

病気しておりましても、病気する本人がそういう心の構えができていると、はたの者も非常に助かるんですな。

病気で苦しいところでは、苦しい人に我がままは許されてよいと思います。病気の人が、その上遠慮して、自分を小さくして、ちぢこまって、はたに遠慮することは要らんと思います。

苦しい時は苦しいと、さすってほしい時はさすってもらいたいといって、のびのび病人になってよいと思います。

けれども、基本の問題だけは、誰がどうしてあげようもないんです。

自分でなければ……。自分の心の落ちつき方は、自分以外に誰もできない。ですからそれは普段において、心構えをしておいて頂きたいと思うんです。

迷いの世界をめぐる

昨日「六趣」の説明をしましたが、輪廻というのはグルグル廻ることです。われわれの生活はとかくこの繰り返しになるのであります。

この頃「悪循環」という言葉がありますが、「六趣輪廻」ということは、宗教的にみていわゆる悪循環であります。

私が若い時、京都のあるお寺へ托鉢して休んだ。本堂の前に、「聯《れん》」といって、板が左右に掛っていまして、それに、

「善人は善を行じて明らかなるより明らかなるに入り、楽《らく》より楽に入る。」

と書いて、もう一方には、

「悪人は悪を行じて暗きより暗きに入り、苦より苦に入る。」

という言葉が書いてあった。私はあまりズバリとした言葉であったので、感激して、しばらくその札を見て立っていたことがあります。

これは後で、「心地観経《しんじかんぎょう》」の言葉であることがわかりましたが、人間の生活はとかく循環的になる。

六趣輪廻とは、迷いの世界をグルグル廻るということです。宗教のことを聴いたり、信心をしたり、悟りを求めたり、修行するということは、この悪循環の切れ間を求めることです。断ち切る方法を求めることです。

悪循環。スカッとそこを切って、循環から脱出することです。だから、悪循環は、「己が愚痴の闇路」であり、

闇路《やみじ》に闇路《やみじ》を踏《ふみ》そえて　いつか生死《しょうじ》を離《はな》るべき

これは、白隠禅師が歎かれたのです。それから今日はここで一転して、

夫《そ》れ摩《ま》訶《か》衍《えん》の禅定《ぜんじょう》は　称歎《しょうたん》するに余《あま》りあり

この「摩訶衍《まかえん》」という字はヘンテコな字でありますが、これはマハーヤーナ（Mahāyāna）というインドの言葉を音で写したのです。訳すと大乗ということであります。

ですから「摩訶衍の禅定は」ということは、大乗の禅定は、ということです。

ここにもいささか説明が要りますが、なぜ大乗の禅定を讃嘆するかということですな。仏教は歴史的に小乗といわれる教義から、大乗というような仏教に、思想的にも教義的にも発展し、展開して来たのであります。

私が先日来申し上げている「衆生本来仏なり」として挙げた幾多の経典や祖師の言葉などは、すべて大乗の教義から出ているのであります。

無論、大乗の教義といえども、基づくところは釈尊の悟りであります。私の「仏心」の提唱も、この悟りを基本としておるのであります。

私からいうと、大乗と小乗をこんなに峻別する――厳しく別ける必要は、私の今の見解からいうとないのであります。みんな釈尊の教えの味わい方であります。

しかし、人間というものはまことに困ったもので、一方に小乗という保守派ができて、一方に進歩派、積極的な進歩主義の大乗というものができると、ここに必ず思想的に対立するんです。

今の南方仏教の、タイや、セイロンや、ビルマの仏教は、いわゆる保守的な原始仏教の形態をそのまま伝えて来ている。

北方へ参りました仏教は進歩的で、ドンドン、ドンドン学問的にも、教義的にも発展して、こんなに素晴らしい、哲学としてもたいへんな内容を持つ仏教となったのです。

本当は、今南方にあるものをさらに伸ばしたに過ぎない。成長させたに過ぎないが、成長したものに対して、保守的なものを守っている人から見ると、「なんだあいつはヘンなことしやがった……」ということになるし、その発展したものから見ると、「なんだあいつはいつまでも古臭いものを守ってやがる」というようなことで、互いに敵視とまでいわないが、ヘンな感情が起る。

大乗とか小乗とかいいますが、――ほんとは小乗なんて言葉は南方仏教自ら決していいません。北方仏教が自ら大乗と称する。大乗とは大きな乗物、小乗とは小ちゃな乗物ということです。昔のお駕籠や、明治時代の人力車《じんりき》を、今日の自動車や飛行機と比べたら、大きなものが速く、かつ能率的であるのはわかっています。

だから大乗というのは、こっちは大きな乗物のように、非常に有効であるという意味です。

悟りの向う岸へ

仏教というものは、今の悪循環といわれる迷いの世界から、安心の世界へ移るんです。だからその過程を、川に譬えてある。これも人間の現実の生活から来た実感でしょうね。ここに川がある。海がある。向うの岸へ行くには、どうしても何かによらなけりゃならん。泳ぐわけにはいかん、そこで船なり、橋なりということになる。まあ橋というものは近距離にしか架けられない。そこで船となる、船となれば、大きな船でないと、確実にしかも大勢いっしょに渡ることはできない。

大乗という言葉も、そういう意味でできているんです。また車の譬えも、羊鹿牛車《ようろくごしゃ》といいまして、羊に曳かせる車、鹿に曳かせる車、牛に曳かせる車というように、より強力な動物に曳かせる車の方がいいということなんです。

つまり、自分の教えが優れているということで大乗。それで南方の教えを小乗とけなした。決して向うが、わしは小乗だなどと言いやしません。今日、南方仏教徒にこんな事をいったら、怒られます。ですが、日本の仏教は全部大乗であります。

禅もそうであるから、大乗の禅定、これは坐禅和讃ですから、全部禅の徳を讃える。それで、ここで禅を持ち出して、「称歎するに余りあり」――称歎というのは、褒めること、いくら褒めても褒めきれん。こういうんですな。それはなぜかというと、

布施《ふせ》や持戒《じかい》の諸波羅蜜《しょはらみつ》　念仏懺悔修行等《ねんぶつさんげしゅぎょうとう》
其品多《そのしなおお》き諸善行《しょぜんぎょう》　皆《みな》この中《なか》に帰《き》するなり

「布施や持戒の諸波羅蜜」これはやはり大乗の教義の大切なものとしていわれる六波羅蜜のことであります。

布施《ふせ》波羅蜜

持戒《じかい》波羅蜜
忍辱《にんにく》波羅蜜
精進《しょうじん》波羅蜜
禅定《ぜんじょう》波羅蜜
智慧《ちえ》波羅蜜

この波羅蜜というのは波羅蜜多（pāramitā）の略したものです。パーラミターという言葉は、彼《か》の岸へ至るということです。これはさっきいったように、海なり川なりの向うの岸へ行くということです。

迷いのこちら側から、悟りの向うの岸へ到達するということが、波羅蜜です。

仏教では、この六つの実践的な修行がある。布施・持戒・忍辱・精進・禅定・智慧と六つ挙げてあるんですが、一通り説明しましょう。

「布施」とは、ほどこしということであります。日本では今の実際としては、坊さまにお経を読んでもらうとか、説経でもしてもらった時、お礼に物を上げることを「布施」と申しまして、そのほかを布施といいません。

しかし、これはインドの言葉で檀那《だんな》(dāna)——日本ではダンナさんといったら、うちの主人公ということになっておりますが、ダーナ、これが施しということなんです。檀那《だんな》行《ぎょう》なんです。

この布施はいまは一方的に、つまりお寺へ物でも上げることだけをいっていますが、決してそういうことじゃない。互いに捧げ合う、施し合うといっても同じであります。われわれの社会を見ると、これは布施ならざるところは少しもないんです。お金を持って行って店屋から物買いますけれども、もしお金があったって店屋に物がなかったら、何にもこのお金なんて価値はないんです。

生産する人が、それを生産してくれることも、われわれの社会生活に必要な物を提供してくれるんだから布施であります。

またわれわれがお金を稼ぐのにも、必ず代償を払ってこれを得るんでありまして、その代償を払いたくとも、失業という通り、仕事がなければ、われわれはつまり月給もとれんのです。月給くれるのも布施であります。経営者が月給を払うのも布施、労働者が労働力を提供するも布施であります。すべて捧げ合いでできているんです。

この関係をお寺でいうと、この辺では坊さんのことを、ダンナと申します。「なになに寺のダンナ」と鎌倉辺ではいっています。

私は若い時に吃驚したことがあるんです。私は静岡県だが、静岡県あたりでは坊さんをダンナなんていうことはない。ところがこの辺へ来ると、坊さんを「どこのダンナ」とこういうですな。

これは、そのはずなんです。坊さんは、教えを施す檀那なんです。在家の人は檀家《だんけ》というんです。「私はドコソコの檀家です」——檀家というのは、檀那の家ということです。

檀家といわゆるお寺との関係は、一方は教えを布施する檀那、一方はお寺の住職の生活資糧や、お寺の維持や布教活動に必要な物を施す檀那、どっちも檀那なんです。これが布施波羅蜜の意味です。

われわれの社会には切って離すことができないんですが、これを純粋にすることが布施行です。ごまかさない。

人間というものはなかなかケチなもんでありまして、とかく行為そのものに主我的なものが入って来るのですが、仏教は無我に徹することが眼目であります。

「オレが」のない世界へ

前にいった「衆生本来仏なり」――仏とは我のない人のことであります。ついでではありますが、私のいう仏心の世界を法身《ほっしん》とも申します。いいかな、これは我のない世界をいう。こうという主観のはからいのない世界を法身。

実際によくよく観察すると、世界中のことが本当は我がない。私がこう思ったからこうできたというのは、ほんの一小部分をつかまえているのであって、実はそうなる条件が整えばそうなり、そうならない条件が出て来れば、そうならない。そこには法が存在して、何にも別の意志があるわけじゃない。

まあ人間は、意志のある所に方法があるというように考えますが、その意志を実現するためには、その条件を整えるから、そこに意志が実際として現れるのであって、問題はその法なんです。

米がよくできるには、よくできる法が備ってでき、また不作になるには、不作になる法が備ってそうなる。

われわれもお互いに、「オレが」、「オレが」といっているけれども、「オレ」が本当はないのです。みんな「オレ」と思っている物すら、本当は「オレ」じゃない。ただお互いに、仮りに「オレが」といっているだけで、「オレが」というものを求めて行ったら、実はないんです。

ないから、実はわれわれは救われるんです。「オレが」がないから、われわれは宇宙と一体だといえる。

生も死も、「オレが」のない所にはないのです。そこで初めて本当にひろーい世界に入る。

といって、われわれがAとかBとか名前をつけて、こうして生きている以上は、いつもそんなことをいっておったら味噌も糞も一緒になるから、そうはいかない。

そこでAはA、BはBとして、仮りに人間にも符丁をつけて、一切のものにも符丁をつけて、分けている。

オレがオレがと、仮りに「オレが」をたてて住んでいるんですが、この「オレが」は本当はない。これは一般の世界でいうこととちょっと違うんですけれども、実際はそうなんです。「オレが」がないからわれわれは救われるんです。「オレが」があったら救われないんです。
神さまといい、仏さまというのは、「オレが」のない世界です。いい換えれば、子供のような無限な慈悲、無限な愛というものは、「オレが」あったら出ないんです。オレのためにオレのためにと思っていたら、人間の世界は小さくなっちゃう。

施すということも、インドの人達の真剣さは、有名な「布施太子の入山《にゅうざん》」という倉田百三の仏教説話に材を採った戯曲にも出ています。

布施太子という人は何もかも施してしまって、妻や、子供まで施して、最後に我が身を施すということになる。我が身を虎に喰わしてしまう。そこまで行って、初めて悟りを得る。お話では、布施太子は、お釈迦さまの前生であるということになる。

いくら慈善家といっても、必要とあれば、愛する妻をもあげよう、愛する子供をもあげちまおう、しまいには自分の体までやってしまおうというようなことはありえません。死んでから献体して解剖してもらうという話はありますが、生きている間に命を寄付するということは、今の法律が許すか許さんか知りませんけれども、おそらくないでしょう。

そこまで、無我の世界を大切に、無上の価値を置いている。

布施をするのでも、ウンと余っていて、チョッピリやって、「オレは布施をした」という。それでも、やらんよりはいいんですよ、本当をいえばね。

けれども、できれば物を施す時に当っては誠心誠意、最大の努力をして、困った人があれば困った人を救うためにはベストを尽してやる。また、純粋にいくのが布施行であります。そうはいっても、これがいろいろです。


中国にこういう話もある。

「仏教では殺生《せっしょう》といってものの命をとることを禁じるが、わしは天子という位にいるので、いろんな意味でそうも行きかねる、これは真に困ったもんだ」

と、ある偉い坊さんにいうと、その坊さんは、

「あなたはそんなことを憂えなくともよろしい。天子というものはよい政治を布いて、大勢の国民を幸せにして上げるのが役目。あなたの一言一行は国民の禍福に響くんだ。あなたがよい事をし、よい考えをもつとすれば、たくさんの人が喜ぶ、幸せになる。

だからあなたが鳥一匹、けもの一匹の命をとるとか、とらんとかいうことではなくて、

あんたの戒律は、そういう意味でもっと大きい眼で見なけりゃいかん」

といったということがあります。

世界の指導者は、フルシチョフにしろ、ケネディにしろ、日本でまあ池田さんというような人達は大責任があると同時に、また大布施行もできる人達です。反対に大不布施行もできます。

宗教的な立場から見れば、本当によい布施ができているか、できていないかが、政治家の反省すべき所であるといえます。資本家がよい経営をして、一般社会にもよい生産を提供し、従業員達にもよい生活をさせてあげる、これは立派な布施行です。反対になれば、それはいけない。

千虚一実に如かず

「持戒」というのは戒律ということです。戒律というのは、戒《いまし》めを保つということで、つまりわれわれの社会生活、家庭生活においての倫理を守ることであります。

仏教には戒法というものがありまして、いちばん簡単なのが、五戒、十戒、坊さんには二百五十戒などという戒律がありますが、そんな面倒くさい事をいったってしょうがありません。

現在この戒律というものが、南方上座部の人達は、「殺生をしない、盗人をしない、ウソを言わん、妻以外の女性と交わらない、酒を飲まん」ということになっています。南方の戒律では酒は飲まないことになっておりますが、日本仏教では「酒を売らん」ということになっております。

ところで日本でこれを励行したら、ほとんど破戒者ばっかりですね。セーロン、ビルマ、タイへ行ったら、酒はない。こっそり飲む人は、どこへ行ってもいるでしょうが、本当はドライなんです。おそらく酒を表面禁じている宗教は、まあ日本の仏教は駄目ですけれども、仏教とイスラム教だけじゃないかと思います。

戒律は難しいことがいろいろありますが、大乗の戒といいますと、「十善戒」というのがあります。

①不殺生（殺生をしない）

②不偸盗（泥棒しない）

③不邪淫（道ならぬ男女の交わりをしない）
④不悪口《ふあっく》（悪口を言わない）
⑤不両舌《りょうぜつ》（二枚舌を使わない）
⑥不綺語《きご》（ありもしない騙ったことをいって人を煽ったりすることをしない）
⑦不妄語（ウソをいわない）
⑧不貪《とん》（むさぼらない）
⑨不瞋《しん》（腹を立てない）
⑩不邪見（まちがった見解をしない）

これを十を戒める、「十戒」と申します。

こういうような戒なら戒を守ろう、布施なら布施を徹底しようとすると、どうしても仏心の信心なり、悟りなりという境地に徹底しなければならん。これを掘り下げていくと、そこまでいくようにできているんです。

ですから「到彼岸」＝「波羅蜜」なんです。向うの岸に到る。

ひとつのことでも徹底的に実行しようとすると、何でもくっついて来るんです。ウソをいわないというひとつを徹底しようとすると、何も彼もそこへまとめて来ることになるんですな。

しかし、ここに難しいところがありまして、人生のことはまあ「千虚一実に如かず」といいましたか、千のこしらえごとや偽り事よりは一つの事実がまさっているということは、一つの事実の実践が、やがてすべてのことを整えて来るんです。ただ頭の中で並べたような教えや道徳は、いくら結構なことがあっても、一つも実《み》がならない。

我慢していく力

これはいいかえますと、「忍辱《にんにく》」というようなものが必要だということです。忍辱とは辱かしめを忍ぶということですが、これは我慢すること。

人間の生活にはどうしたって、どこかで己に克つ、苦しいことを我慢していく力がないと駄目なんです。忍耐、忍辱なんていうと、消極的な道徳のように思いますが、実は人生の実際に照らしてみると、これは非常に大事なものであります。

よく一般に「あの人は堅い人だ」といいます。堅いといわれるような人は、反面融通のきかないヤツだといわれることもあります。

けれども、堅いといわれ、融通がきかないといわれる方が、「何でもできるが、あいつは締め括りのない奴だから、使い道にならん」といわれるよりは、やはりいいと思います。「万能足りて一心足らず」ということがありますが、世の中には「あの人もあれさえなければ、何にでも間に合うし、何でも使える人だが」と思っても、ただ一点、堅さというようなところが欠けているために、どうにもならん人があります。

わずかなことのようですが、守るという態勢の道徳というか、修養というか、そういうものはわれわれにとって非常に大切であります。

私は忍耐、忍辱ということをそう思います。ああもしたい、こうもしたいと思うが、待てよ、とグッとこらえていく。人間は積極的に派手に動くことは、たいがいできます。

しかし、地味に誘惑や環境に動かされないで、グッとこらえて自分の本領を守るということには、非常な勇気が要るんです。

あるべきようにある

また禅的には、禅定力が要ります。禅はジャーナ（jhāna）といいまして、静かにものを考えることなんです。

禅というとジャーナの音を写したのであって、定というのは意味なんです。インドの言葉の音とその意味と二つくっつけたのが禅定という言葉でこれは妙なことなんですけれども、日本では統一した心理状態を持続する力、それを禅定力と申します。怖いような所へ行っても、こちらがちゃんと心を整えていると、少しも動揺しない。これを禅定力と申します。

京都の南禅寺ができたいわれにこんなお話があります。亀山上皇の時代、禅林寺殿——離宮ですね、そこへお化けが出て仕様がない。天狗さんだか、お化けが出て、宮女というからまあ女官達を脅かしたりして大騒ぎする。

そこで昔のことですから、あっちの坊さん、こっちのお坊さんと頼んで、加持祈禱です。真言や天台のお坊さんを頼んで、御祈禱した。しかし、さっぱり効き目がない。

そこで、東福寺の開山のお弟子で、無関禅師というお方に頼みたいということになった。その無関禅師が二十人ほど雲水を連れて行って、そこで坐禅をした。そうしたらそれっきり化けものが出んようになった。

こういうことがあって、亀山上皇はたいへん感心して、ついにお寺にしたというのが、南禅寺のいわれです。

つまり、お化けの出るような所へ行ったら、たいがいの人はここは怖い所だそうだと思うと、まず動揺する。

ところが坐禅を本格的にすると、悪魔、魑魅魍魎《ちみもうりょう》などというものがあるはずはない。デンと坐って不動の心境に居た。いっさいがっさいが平常になってしまう。

これはちょっと見ると何でもないようなことで、素晴しいことなんです。

お互いの生活もそうです。あるべきようにある。お互いに下らないことに自分の心を曳きずり廻されないで、守るべきものを守って、キチッとやって行く。そういうことです。

ですから、忍辱も禅定も、そういう意味では共通しているんです。六つに分かれていますけれども、どれを実行しても、徹底実行すれば、そこへ行くんです。

「精進」という言葉は、精進揚げとか、精進料理というような野菜料理、植物性の料理をみな精進といいますが、本来の精進とは、精出して勉強することであります。精進努力するという、あれが正しい使い方であります。怠けていないことであります。

修行や信心をするにしても、怠け者には決してできない。どうしたって怠けちゃ駄目です。勉強をすることが、精進であります。

われわれが優れた祖師や菩薩方の伝記を拝見すれば、ことごとく精進の人です。反対に、怠けている人が仏道成就したなどということはありません。

仏道だけじゃない、世の中の一切の事業においても、学問研究においても、必ず精進する人が成功する。これはもう何だってならない事に決っております。

次が、「禅定」。これが禅でありますが、なぜ禅定まで禅に帰するなどというのもおかしいんですけれども、六波羅蜜の場合の禅は、六つのうちの一つという感じを免れません。

私どもの禅の立場からいうと、禅は諸宗の根源、「仏法の総府」と申します。これは独りよがりといわれるかも知れませんけれども、たしかにこれだけのものはあるんです。

禅は諸宗の根源であり、仏法の総府である。総府というのは、すべてが納まっている所です。

禅が仏法の根源であるという立場からいうと、六つのうちの一つということでは承知できないのです。

道元禅師も、自分の宗旨を禅宗といわれるのはいやだと、こういったんです。宗ということは、真言宗とか、天台宗とか、浄土宗とか、真宗とかいわれるように、一つの宗派を意味します。

禅宗は仏法の全体であるんだ、そんな宗などといわれるもんじゃないと、道元禅師は主張しておられます。これが禅の立場に立つ者の本領であります。


それから「智慧」というのは、般若《はんにゃ》（prajñā）ということ。お酒のことを般若水などといいますが、智慧も、仏教でいう智慧は世間でいう智慧とちょっと違うんです。なにか「あいつは悪知恵がある」なんていいまして、インチキなことを考え出すようなことに知恵という言葉を使います。

しかし、仏法でいう智慧は、そんなことは意味していない。「六趣輪廻の因縁」、そうした妄想の世界をスパッと断ち切って、仏心の本領を知ることを智慧というのであります。

いわゆる禅をして悟ることができれば、これは申すまでもない智慧であります。

正しい教えを聴いて、これに違いないと信ずることができる人があったら、これは智慧者であります。

今、信ずると申しましたが、六波羅蜜のような場合であったらば、これを実行する人があったら智慧者です。「ああそうか、それもっとも、これもっとも」というように、ただ聴いて聴き放しで、知識としてだけ知ってる人、こんなのは智慧者とはいわない。

親鸞聖人も、「南都北嶺の学者」というような言葉でいっておりますが、学者ということと智慧者と、私は違うと思う。

ウッカリすると、学者が即ち智慧者だと思われがちですが、仏法でいう本当の智慧はそうじゃない。物知りが必ずしも智慧者じゃない。

たとえ「一文不知《いちもんふち》」といわれるように学問はなくとも、真実の信心を解し、仏心を解した人があったら、それが智慧者だと、私はいいたいのであります。

仏法の「般若」という智慧は、そういう智慧であります。

われわれを、迷いの世界から悟りの世界へ導いてくれるものが、本当の智慧である。

最後は禅に通ず

中国の昔の話にこういうことがありました。

斉の桓公が郭の国へ行かれた時に、郭の国の父老に「なぜ郭の国は亡びたのか？」とたずねられた。

父老は、「善を善とし、悪を悪とせるを以ってなり」といった。善いことは善いとわかり、悪いことは悪いと解った人だ、とこういった。とすると相当偉い人です。桓公は不思議でならない。「すでに善を善とし、悪を悪とするといったら、その人はなかなか立派な名君じゃありませんか。どうして郭の国は亡びたのですか」

父老がいうには、「郭の君は、善を善としてしかも用いること能わず、悪を悪としてしかも去ること能わず、このゆえに亡べり」

郭公は、善を善と知っても進んで行なおうとせず、悪を悪と知っても、それをあえて退けない、こういう実践の勇気を欠いた人であったとこういうわけです。国が亡んだ理由が明白になった。

これらの話の大事なところは、本当の「智慧」がないことだと思います。お互いに、坊さんなんか特に反省せんならんのですけれども、口では信心を説く、悟りを説く、しかも実際生活はというと、なかなかそうはいかない。忠実に行なってみると、自分でこれで満足だなどということはなかなかできない。

ですから、仏法でいう智慧というのは、その自分の実際生活に本当にプラスになる智慧をいう。決してたくさんの物知りを意味しない。

殊に禅では、「教外別伝、不立文字」とまで申しまして、学問を必ずしも必要としないという。

これは、私は禅だけじゃないと思う。おそらく他のことはともかくとして、宗教では全部そうだと。

天理教の開祖のおみき婆さんという人を、私も本当には勉強したことはありませんけれども、あの人のいったことや書いたものなどをちょっと見てみると、やはりあの人は学者じゃない、物知りじゃない。けれども、宗教的な「智慧」があったと思う。

すべて優れた宗教者はそうであります。かえって学問があるといけないことになる。

学問があるといけないということは変でありますけれども、皆さん人間の世界は学問や智慧というのは、たいがい他から借りて来ているんです。借り物がタンとあると、それでどうやら間に合う。どうやら間に合うと、いかにも自分の財産があるような気になって、本当の自分の財産を創造しない。つくり出さない。私達の本当の力は、誰がどうしても奪い去ることのできないものでなけりゃならない。私が先程、病後の人が、「いつ死んでも、不安はないということだけはできました」といわれて喜んだのはそれです。

借りものは返さんならんです。ですがなんぼ取っても取り去ることのできない、最後に残るものを持たなければいかん。

それが私は信心であると思います。あるいは悟りであるといってもよろしい。それが本当の智慧であります。

白隠さんにいわせれば、この六つの波羅蜜も結局禅に帰するんだ、こういうのです。本当をいうと、どっちの修行もギリギリのところへ行くと、ズバリッと悪循環を断ち切って、仏心に触れる。その触れるということまで行かないと、生きて来ない。

その生きる接点に触れるところです。そこのところに全部、禅といえるものが入っている。

日本のいろいろな芸道が、みんな「道」という字をつけて、最後は禅に通じるというような理解を多くの人がしているのは、そこなんです。

仏法の修行も、念仏でも坐禅でも、その他様々の修行でも、全部ギリギリのわれわれが本当に力を得る、ああこれだという力を得ること。そこへいくと、まったく禅になってしまう。

それが「皆この中に帰するなり」と、白隠さまが自ら禅に讃美をおくられている所以だと思います。

第四講

一坐《いちざ》の功《こう》をなす人《ひと》も　積《つ》みし無量《むりょう》の罪滅《つみほろ》ぶ
悪趣《あくしゅ》いずくにありぬべき　浄土《じょうど》即《すなわ》ち遠《とお》からず

「一坐の功をなす」というのは、一度みっちりと坐禅をする、しっかり坐った功徳をなした人も、「積みし無量の罪滅ぶ」。

人間の生活を本当に安心というか、安定させる上で、いちばん厄介なのがお互いの罪の意識というものであります。

仏教でもそうでありますが、キリスト教では特にこの罪ということを喧《かまびす》しく申します。人間には原罪がある、昔から持っている罪、生れる前から宿命的にそういう罪を持っている。それを神さまのお慈悲によって許されるのだというのです。

元来多くの宗教が、人間は自ら救われる、自ら解脱することはできないから、神の力、恵みによって救われる、その恩寵に感謝しよう、というふうに教えるのであります。

仏教ではこの罪をそういうように考えません。もちろん人間の実際生活を見れば、まことに困ったことがあります。いつもいう通り、われわれはしたいと思うよいことはできなくて、やるまいと思うよからざることをすることの方が多いんです。

それを考えるとどうもやり切れなくなりますけれども、実際はよいということ、悪いということは、根本に立ち返ってみれば、善の善とすべきものもなく、悪の悪とすべきもない。こういうと道徳をむちゃくちゃにするような心配もありますけれども、本当は許された世界があるんです。仏教ではそのように考えます。

「もし人懺悔《さんげ》せんと欲せば、端坐《たんざ》して実相を観ずべし。衆罪《しゅざい》は霜露《そうろ》の如く、慧日《えにち》よく消除す。」

という言葉がお経にあります。われわれが本当に自分の罪を懺悔しようとするならば、「端坐して実相を観ずべし。」実相とは真実の姿ということです。つまり真理を観ぜよということ。

そうすると、今まで困った困ったと思っていた罪の如きは、太陽が出た時の霜や露のようなもので、たちまちにして罪というものの跡は消えてしまう。

ですから懺悔《さんげ》のいちばん基本は実相を観ずる、真理、真実を知ることであります。私がいつも申し上げている「信心」から言えば、自己の仏心を信ずることであります。仏心の中には生死もなければ罪もないという、この信心に徹することであります。

これに徹することが基本であって、あの人に対してこういうことをしたのが済まないとか、あっちに対してこういうことをしたのが申し訳ないとか、そんなこちゃこちゃしたことじゃないんです。

すべてが許されている世界がなかったら、われわれは大きな呼吸はできない。人間の望んでいる本当の自由なんていうものはない。人間がああしなければ、こうしなければという、いわゆる型に入れてその型通りにしなければ信心はないという、そんなことじゃないというのが仏教であります。

もう一つ、これを実際面からいうと、われわれが「オレが、オレが」といっていますが、「オレが、オレが」が、本当いったらないということがわかる。確かにあるようですけれども、追究してみれば、そんなものはありやしない。

つまり、自己の無我に徹することが懺悔の根本です。

仏心の上には罪もない

先日アメリカの有名なキリスト教の布教家が来て、私と世界平和の話をしていて、キリスト教の罪の問題に話が及びました。

私が「仏教では、自己の無我という信心の立たない生活、それが罪である。それさえ徹底すればいいんだ」といったら、その人は「わたしも、キリスト教の原罪というものをそう考えています」といったんです。「そうですか、もしキリスト教がそんなふうに解釈してくれれば、私どももとおんなじだがな」と話したことがあります。

原罪――もとの罪ですね。キリスト教では、人類の罪の意識がはっきりしなければキリスト教の信仰に入ることはできないというんです。

仏教だって宗旨によっては、親鸞さんのような人でも、「地獄は一定すみかぞかし」というような罪悪感に立っています。私からいうと、まあ、鎌倉期の日本の宗教界は全部そうした末法思想的なことになっていたんです。

そこへ禅のようなものが入って来たから、また変わって来たんであります。しかし、禅宗の人すらも、あの時代の人には罪悪感の強い人がいます。

塩山の向嶽寺《こうがくじ》の開山である抜隊得勝《ばっすいとくしょう》禅師という人は非常に優れた禅者です。わたしは若い時から本当に禅師を尊敬していて、今でも部屋に禅師のお木像の写真を掲げておる程です。日本の禅者としては、ものの言い方のすっきりした、そして徹底した人です。

その人でも、在家の人に示す法語であるからかも知れんけれども、「地獄の苦をまぬがれんと欲せば見性すべし」というようにいっています。地獄に行くまいと思ったら悟りをしろというんです。

罪悪感――自己の罪悪で次の生は地獄に行ったり、いろんな世界を経めぐるという前提に立って、だから悟りをしろ、こういうふうに説いております。

こういう出発点はどうも仕様がないですね、その時代その人の個人的な慣れがある。けれどいったん悟った上で言えば、もうどこに輪廻があるか、どこに罪があるかといいます。私が言う、

「仏心の上には生死もなければ罪もない。仏心は永遠に清らかであり、永遠に静かであり、永遠に安らかである。」

この「絶対の念」を悟る、つまりこれを信ずることのできた人は、この世におけるそうした罪悪感に苦しむことはない。

国家には法律があり、社会にはそれぞれ常識的な制裁もありますから、それに対して相当な用意がないと、実際生活の上に人間は行き詰ります。しかし本当のところでは、罪悪感という妄想に心を苦しめる必要はない。

こればっかりいっているとまた時間が無くなってしまいますが、罪の問題一つでも、宗

教というものはどこかを深く掘れば、必ず泉の出る所まで達しなければならない。泉の出る――つまり井戸を掘り、水を求めているようなもので、深く掘れば必ず地下水に触れる。そうすれば吹き出して来る。そこまで行けば、どこを掘っても水の出るように、どっちから行っても、われわれは至るところに至れると思うんです。

ここにもいうように、坐禅を本当にすれば、「積みし無量の罪滅ぶ」――無限の過去に造った人類の、悪循環から逃れることができる。

だから、「悪趣いづくにありぬべき、浄土即ち遠からず」ということになる。悪趣というのは、昨日申上げた、天上、人間、餓鬼、修羅、畜生、地獄、そういう生活ですね。

これも決して観念的に未来にということではなく、われわれはそれをこの世に見なければならない。「浄土即ち遠からず。」そうなれば、この世がすなわちお浄土である。それからその次が、

辱《かたじ》けなくもこの法《のり》を　一《ひと》たび耳《みみ》にふるる時《とき》
讃歎随喜《さんたんずいき》する人《ひと》は　福《ふく》を得《う》ること限《かぎ》りなし

「辱けなくも」というのは、非常にもったいないと思うことです。この教えをひとたび聞いた時、心から有難いと思う。そして、その人は幸いを得ることが無限だというのです。その人はすでに聞いた。聞いただけじゃ駄目ですね。これを喜ぶことのできる人は、すでに宗教の世界に入らんまでも、入らんとする人であって、幸福な人だというんです。教えなんていうものは、喜べる人にとっては、「わしは、よくぞこの教えに逢えた」といって本当に喜ぶことができるが、そうでない人にとってはナンジャということになる。人生、何事でも皆そうですけれどもな。

いわんや自《みずか》ら回向《えこう》して　直《じき》に自性《じ》を証《しょう》すれば
自性《じしょう》即《すなわ》ち無性《むしょう》にて　すでに戯論《けろん》を離《はな》れたり

それを聞いて、そういう有難い教えがあるかといって讃歎随喜しただけでも、その人は幸福を得るであろうのに、いわんや「それなら、わたしはやりましょう」といって、坐禅をする。

回向という言葉は白隠さんが使われましたが、坐禅を修行するのに回向という言葉はちょっとおかしいです。けれど、これは仏教では一般用語であるから、白隠さんが軽い気持でこんな所に使われたんだと思うんです。回向というと「回らし向ける」ということであって、自分が積んだ功徳を仏様に捧げるとか、他人を幸福にするとかいうように、「向うに向けて行くこと」が回向です。

いわんや自分で坐禅をして、「直に自性を証すれば」。自分の性——自性とも法性ともいって、お釈迦さまの悟りの世界を現す言葉がたくさんあると、私がいつも申し上げているうちのひとつです。

「自性《じしょう》　法性《ほっしょう》　仏性《ぶっしょう》　法身《ほっしん》　涅槃《ねはん》　真如《しんにょ》　実相《じっそう》　如来《にょらい》　仏心《ぶっしん》」

まあ、まだいくらでもある。これ等いろんな言葉の中から私はいちばんわかりよく「仏心」と申し上げているんです。

「直に自性を証すれば」というのは、じきにということは直接ということでありますけれども、本当に仏心を悟ったならばということです。

ここにAさんとかBさんとかこうして皆居りますが、そのAさんの自性、Aさんの仏心といってもいいが、「オレが」を徹底してみれば「オレが」というべきものはなくて、実は全宇宙を包むその広大な仏心しかないんです。

いい換えたらこれがAの心、これがBの心というものは本当はない。ないから素晴らしい。ここが面白いところです。

自分が無かったら頼りないだろうというが、無いからこそ素晴らしい。禅というものはこういう世界を窺おうとするもんです。

繰り返しますけれども、お釈迦さまが悟られて、「わしの前に死なない世界が現われた」といってお喜びになり、そして一生を説法なすった。

それからインドの優れた菩薩方が、お釈迦さまの教えを修行したり研究したりして、その悟りを味わって、さらに哲学的に深めたり、宗教的に色々展開したのが、今日の大乗仏教であります。

ですから言葉も多様で学問的になり、仏教というものの「構造」も大きくなる。この点、キリスト教のようにわかりよくないといわれるのはもっともなんです。

もっともなんですけれども、その根本をいえばこの仏心のことですから、やはりその構造は大きくても、もとへ遡って行けば単純とまではいえませんが、決してわかりにくくはない。簡単明瞭なんです。

それを最も端的に捉えていったのが、禅宗であります。禅というと難しいように思うが、決してそうではない。

いつもいう通り、われわれの心で見たり聞いたりして、オレがオレがと思っていますけれども、じゃオレはどんなものかということを本当に追究なすった方がどれだけあるか。仮りに追究しようとしても、追究しおおせて、自己の主体はこうですといえるところまで追い詰めた人がどれだけあるかということです。禅はここをいうのです。

この仏心は、お釈迦さまがいわれたように誰にも具わっている。学問のあるなしも、徳性の高い低いもない。大学の先生も修道院の先生も、監獄の獄舎にいる人も実は少しも変わらない。修道院にいる人だから多くて、監獄にいる人だからその人の仏心は減っているというようなことはない。そんなものじゃない。

心に縁なき衆生のあるべしや

ここにおいでる人は、禅に関心を持たん人はないと思います。さっき申した甲州の向嶽寺の抜隊禅師、この人はさっきいったように実に立派な文章で法語——日本語で禅の案内の心得を書いていますが、そのうちにこういう言葉があります。

「余の宗旨は仮りに設けたる方便の教えなれば縁のある衆生もあるべし、縁なき衆生もあるべし。」

余の宗旨というのは、阿弥陀様の存在を信じて念仏しようとか、『法華経』の功徳を信じて題目を唱えよとかいうような宗旨は、ということです。そういう教えは、こういう教えに向く人もあろう、ああいう教えに向く人もあろうというような意味で説いた教えである。だから縁のある人もあろうし、縁のない人もあろう。ぴたっと行く人もあろうし、いくらやっても駄目な人もあろう。ところが、

「禅は心なり。心に縁なき衆生のあるべしや」

禅とはお互いの心である。「心に縁なき衆生のあるべしや」、私は心を持っていません、そんな人はいないだろう。心のある人ならば禅を持っているんだ。心ということは意識といってもいい。ここでもってしゃべって、そこでもって聞いている。そいつが無いものはまず無い。

仏教の説話に、ワニと猿のこんな話があります。

ワニが猿の肝が入用で、猿を騙してガンジス川の真ん中に連れ出した。途中で、

「実はお前の肝をもらいたくて連れて来た」

というと、猿は利口だから、

「そんなら早くいってくれればよかった。おれはお前がそういう要求があって来たとは知らんから、今日はおれの肝をさっきの川岸の木に掛けて干して来た。そんなら取りに帰ろう、連れて行ってくれ。」

馬鹿なワニは、そのサルをまた陸の方に連れ帰って来た。そしたら猿は、

「ヤーイ馬鹿め、肝を木に干せるわけがないだろう」

といって岸の木に飛び移って逃げた、という話があります。

猿だって、生き肝を木に干すような器用なことはできません。

このお話ではありませんが、われわれが「心を持っていません」などというわけにはいかない。誰だって心がある。その心には、「縁なき衆生のあるべしや」。痛快ないい方です。

抜隊禅師はそういうところを非常に明断にいう人で、私は禅師の書いたものが好きです。人柄もなかなかで、元は相模国の武士で坊さんになったんですね。

そのかわり、坐禅すると五日くらいは動かないという。これはたいへんなことで、わしら真似もできやしない。そして息も何も止ってしまって、そばの人が禅師は死んでしまったと思うくらい坐禅するという方であったそうです。だからその人の書いたものは、実に痛快です。禅とはそういうことです。

この頃は世界的に禅ブームですが、日本ではただ禅、禅というばかり。それをなるべく皆さんと共に味わえるようにと思って、私は「仏心の信心」ということをいい出したんです。

本当は禅の専門家として、私なんかも若い時からずいぶんその道で骨を折ったつもりだけれども、なかなか昔の人の書いてあるようには、わしにはいきかねる。

そこで私は、わしがこれだけやってもそうなんだから、誰もかれも坐禅して、いわゆる悟りの境地まで達して初めて解脱できるなんていったって、それでは仕様がない。

それで「仏心」の信仰ということを、わたしは提唱するんです。仏心ということが本当にわかっていただいたならば、それは「自性即ち無性」ということとわかりさえすればよいのです。

自分を追究して、自性の無性に徹しなければいかんと申しました。今も私は「バン！」と蚊《か》を叩いて大きな音をさせたが、あの「バン」とやったときですね、あなた方聞くまいと思ってもバンとお聞きになったろう。

あの「バン」を聞いた刹那を、ひとつよくよく覗んで下さい。バンといった以外に何があるか？ 「バン」、ここには何の理屈もさしはさむ余地はない。カチンと言えばカチンきりです。ここをひとつ、よく味わって欲しい。天地一枚コチン。全宇宙コチン。芭蕉の俳句に、

「古池や蛙飛び込む水の音」

という句がありますが、あの水の音は実は芭蕉が、私がコチンとやると同じような意味を現わそうとして、つくられたんじゃないかと思う。

禅というものはそんな意味にしか、そういう触れ方しかないんです。

達磨大師と同じ時分に、傅大士《ふだいし》という方がいらっしゃる。梁《りょう》の武帝という、時の天子がこの人を招待して、『金剛般若経』の講義を御願いした。そうしたら傅大士は、「案《あん》を打つこと一つ」というから、「タン」と一つ机を打ってそれっきりだった。

宝志和尚という人が脇にいて、「大士講経終わんぬ」――もう御講義は済みました。ただこの「タン」と、これだけで講義は済んだというんです、ずいぶん楽だね（笑）。どこへ行っても、こんなふうに「済みました」と言って済めば、聞く人も楽、やる人も楽でこんないいことはない。

それを、やはり何とかかんとか暑苦しいことをいって、聞く方もまた、承知しない。人間というものは、実際変にできているんです。だんだん科学が進むと、丸薬を一日に一つか、一週間に一つか食べると人間の栄養は十分だというようなことになるかもしれない。

しかし、そんなものでは人間は満足すまい。時間を惜しんで勉強する人が、そいつは重宝だといって一つ服んで一週間食べずにいるかもしれん。だが、たいがいの人はそんなものよりは、三度三度栄養のそんなにないものをむしゃむしゃ食べないと承知しない。人間は、そういう無駄をやらなけりゃ合点しない。囲碁で駄目を詰めるっていいましょうか、世間では無駄が無駄やら有駄やらわからんところがある。

本当いったらこの暑いのにここまで出て来て無駄な話です。これ本当いうとね（笑）。「円覚寺の話か——コチンとやったア」これでいいんだ。それで済むんだけれども、なかなかそうもいきません。

人間を造る道

ついこの間、東大の茶道部の学生が三十人ばかり山内へ合宿して、茶道の練習をしたんです。五日間合宿したんですが、昼も夜も三十人の人が互いに主人になったりお客になったりして、繰り返して茶道の点前をやる。

これは、私は効果的だと思うんです。町の先生のところに一週間に一度くらい行ったって、行く時はもうこの前のを思い出すのがやっとくらいです。思い出したくても忘れちゃっているというようなことが多いでしょう。

それを五日間たて続けにやる、これはなかなかいいなと思ったんです。ところがそこにまだ一つ奇縁がありました。

昔、東大に藤井実といって、世界で走高跳の新記録を出した人がいるんです。吉田茂さんと大学が同期で、同じように外交界に入って、中途から外交官を辞めた人です。その人を、私は十三歳くらいの年から知っている。今八十二歳くらいの年なんですが、その人がひょっこりやって来た。

この人も変わった人で、日本野鳥の会をつくった中西悟堂さんの友達で、悟堂さんのように裸が好きで、できりゃ年中裸でいたいという、外交官上りとしては珍しい人です。一番愉快なのは、雪のある冬山を裸で歩くことだというからちょっと驚きます。こんな気持のいいことはないというんです。中西悟堂さんも同じだそうです。あの小鳥の好きな悟堂さんと仲良しなんです。ツラの皮が厚いというが、われわれのツラの皮より彼の全身の皮の方が厚いようです。

そういう変わり者ですが、ひょっこり来た。そして話しておって、実はといい出した。「なんだ」といったら、「わしの姪が東大の茶道部でここに御厄介になっています」と、その姪の説明をしかけた。「実は下から二番目の弟の子だ」というんです。

その娘が、どういうつもりか高等学校だけ出て、日本航空のスチュワーデスになった。しばらく勤めて、わたし退職させていただきますという。それで日航でも驚いて、どうしてかと訊くと、「私は家庭の事情で大学教育を受けられませんでした。こちらへ奉職させていただいたお陰様でどうやら大学へいくだけの学費が貯まりましたから、お暇をいただきたい」という。

日本航空なんかでも、「学校なんかどうでもいい、就職のためだ」という者が多いのに、珍しい子だ。それに英語もフランス語もよくできる。会社でも、まあそういうことなら、あんたの思うようにしなさいといった。その子が今年の春すっと東大に入った。それが茶道部に来ている。

「こんな訳でわしの姪もいるんだから、五日間に一度、たとえ一時間でもいいから話をしてくれ」といってわしに頼みに来た。

そのグループはここへ来ちゃ毎朝坐禅もしていた。だからそれでいいんですが、まあ皆を集めて、その子達だけでなく他の学生も集って、五十人ばかりに、十五日の朝六時半から一時間程話をしたんです。

茶や禅の話もちっとはしたんですが、わしはこんなことを言った。

日本の茶道というものは、「茶道」というように、お茶という修行を通じて人間を造る道なんだ。

それからまた、もちろん茶は礼だ。だが、今日本の茶人は茶室の中では大層立派な茶人であるが、外へ出れば何でもなくなっちゃう。こんなもんじゃないはずだ。

また、日本人は知った人同志では、なかなか礼儀が正しいんです。ところが、知らない人にはちっとも礼儀正しくない。


そこで礼儀について、いろいろな話をいたしました。

ヨーロッパやアメリカのように、電車の中でも婦人であれば何でもかんでも席を譲れとは申しません。オバさんなりお母さんなり、オジさんなりお父さんなりの年輩の人で知った人となると必ず席を譲る青年が、他人だともう絶対に譲らない。これはどういうことなのか。

昔はこうじゃなかったんだが、君達どう思いますか。これでよいと思うかどうか。すべてのことに、人間の世界には一つの常識があるんだが、どうも今の日本の若い諸君の車内道徳というか、車内での在り方は、わしには世界的に通用するように思えない。

オリンピックを前に日本も、道路がどうの、ホテルがどうの、ああのこうのといろいろな面で当事者も国民も苦労しています。

けれども、今の学生や若い人達の車内の不作法さをこのまま置いて、これでよいか。まあ、国家の体面からいっても——そんなことは年寄りの見栄だ。そんなことは要らんこったというならばわしも何をか言わんやだが——。

しかし、道路を作るにも、ホテルを造るにも、予算という問題があってなかなか思うように行かないが、考えようで、こんなことは明日からでも相当に実行できるんです。

己に克つ

私の所に来ている女子大の生徒ですが、お説経の時に車内の礼儀について話したら、次の時に来て、

「老師、やはりああいうことは、はっきり言って頂いたのがいいですね」

「どうしてかい」というと、

「私も今までたいがいの場合お年寄りに席を譲っていました。

けれども、そのお年寄りが相当距離をおいて向うに立っている。自分は気がついて席をお譲りしたいと思っても、そのお年寄りの近くに、私と同年輩の若い人達がいた場合に、遠く離れた私が立ってどうぞこちらへというのは、何かテレ臭いような気がして一種の抵抗を感じました。

ところが老師にズバリといわれてから、やらんならんと思いだした。それで今ではそういう場合でも少しの抵抗も感じないで、私は席を立って、どうぞということが言えるようになりました。」

こう言ってくれました。私は嬉しかったから、

「そうか、それは嬉しい。あんた一人でもいいからやって下さい。たとえていったら人間はローソクのようなものだ。一本のローソクに火があれば、次のローソク、次のローソクとその火はつけて行ける。これで、燃える可能性はあるんだ。だが火種がないとこれは拡まらん。あんたがたとえ一人でもいいから、それを実行してみて下さい」

といってわしは頼んである。その子は今年卒業して、東京の下町の方の中学の先生になっています。とても快活に「子供と一緒に修行しています」といって時々ここにも喜んで来ております。

私はこの間も茶道部の人に言いました。東洋には「克己復礼」ということがある。己に克って礼に復《かえ》る。これは中国の言葉ですけれども、礼儀ということを実行しようとすれば、どうしても若干自分というものを抑えにゃならん。いわゆる己に克たなければならない。それは君達だっても座っていたいでしょう。しかし、年寄りに譲らなければならんという場合には、やはり己に克たなけりゃ実践できない。

われわれが社会で、互いに社会生活を明るくして行こう、秩序を乱さんようにして行こうという時には、必ず何等かの割合で己に克たなきゃならない。

この頃の教育は、過去に余りに自分というものを殺し過ぎた反動でしょうけれども、余りに野放図に自己をのさばらせ過ぎた。「義を見てせざるは勇なきなり」などという言葉は今の人には滑稽に見えるかもしらん。まずは、己に克つということです。

坐禅すりゃ足が痛い。寝ていて悟る手はないかというような話です。

由比ヶ浜に行って泳いで、砂浜に寝ころがって悟りを開けないものかというような相談をうけるようなもんです。それはちょっと無理ですよ。

やっぱり汗を流して、足の痛いのを我慢して――己に克って行じていく。

禅には「下載《あさい》の清風」という言葉がある。重荷を降した時の涼やかな風ということです。

重荷を負うて汗を流さん人が、重荷を降した時の涼やかな感じなんか、わかるはずがない。

今の若い人には、われわれの時代に考える事のできない自由さや、偉さもあると思います。

偉い所は偉いでよろしい。偉くない所も人間には必ずある、長所は即ち短所である。短所に見える所に必ず長所もある。

この道理を、若い人にも年寄りにもよくよく考えてもらって、そうして日本が礼儀のある国になってもらえばと思います。

第五講

いわんや自《みずか》ら回向《えこう》して　直《じき》に自性《じしょう》を証《しょう》すれば
自性《じしょう》即《すなわ》ち無性《むしょう》にて　すでに戯論《けろん》を離《はな》れたり

このあたりは前講で申しました。われわれは「オレが」「オレが」というものを持っているように思っていますが、「オレが」を追究して行くと、「オレ」なるものはなくなってしまう。

私どもの若い時分、河上肇《はじめ》さんという京都大学の先生がいまして、官学の学者でありながら、その時分としては珍しく早くマルキシズムに影響された人です。

良心的な面から社会の矛盾に悩まれて、マルクス主義を勉強されたのですが、その人の言うのに、「われわれは、富に恵まれない人々に対して、自分の持てるものを分けて上げたい。ここに三枚着物があるならば、二枚は自分が持っていて一枚あげるべきか、二枚あげて一枚で自分は我慢すべきか、いったいどこにその限度を置いたらいちばんよかろうか」ということからお考えになった。

もし本当に他を利するということならば、自分なんか一つも残さないで全部あげたらいいんじゃないかということも言えます。

しかし、実際に人間はそれができるんだろうかと考えた。いったい自分と他人との限界はどこにあるかということを求めていって、ついに自分の意識の問題、自分が自己と思い、また他人と思っているこの意識の分析に至った。そして、これを追究していって、自他を区別すべきもののない所までいったという。

彼は自ら見性したと、「自分では解らんけれども、後の人が私の心理境地を見性したと言ってくれはしまいか」、こういうことを言っております。

そして最後に、自他を分つべきもののない、自と思うも他と思うも同じことであって、自他の境《さかい》はない、つまり平等の所まで到達したということを書かれております。

自他のない世界

ですが、実際これで難しいことであります。「愛は惜しみなく奪う」というように、愛という表現を以てしても、よそに他を存在せしめた愛は、結局対立的な世界を出ません。だから、結局ある意味で言えば苦しまなければならん。

ですから、自己と他と本当に一つというところまでいかないと、私達の問題が解決しない。

「自と他とない」ということでいちばん早いことは、自我——自己がないことが解ることです。

われわれは何としても、「オレが」「オレが」という、自分というものを中心に回っています。これは、まあ許されなければならん。九千万の人が九千万、個々に「オレが」という考えがあって、自己を修め、自己を律して、自己の責任を解し、義務も果しているから、社会もできるのであって、それが何にもなかったら、変なことになってしまう。

それじゃそれだけで行くかというと、それだといつも言う通り行き詰るんですな。そこで自己を追究して行って、自己の無に徹するというか、自己がないということが解ると、自己が無限になる。無限大になる。

人間はさっき言ったように、他人を愛したい、不幸な人があったら自分の最大限の力を割いて不幸な人の生活を、物質面なり精神面なり救ってやりたいと思う時、それじゃどこからどこまでやるかというと、たいへんな問題です。

布施太子みたいに妻子をも人に与えてしまい、最後には自分の命まで与えてしまうという理想主義のインド人——インドの人達はそういうところがあります。

しかし、そこまでいかなくても、哲学的というか、内面的にとって返して、自己とはいったいなにかと追究していくと、自己と他との区別はない世界が出て来るんです。

これは必ず出て来る。「自性即ち無性にて」ということです。

「わしは無性にあいつが好きだ」などといいますが、その無性とは、絶対のことですね。

「すでに戯論を離れたり」戯れの論と書いて「ケロン」というのですが仏教語です。

われわれの相対的な意識分別は全部「戯論」です。われわれの普通の世界の常識ですが、「ああだからこうだ、こうだからああだ」といって組立て、こしらえている理論は、すべてこの無性＝絶対の前には戯論であります。

「戯論を離れたり」——もうここへ行くと、戯論は超越しているということです。

因果《いんが》一如《いちにょ》の門《もん》ひらけ　無二《むに》無三《むさん》の道《みち》直《なお》し

この「因果一如」の因果とは、因果律の因果です。「因即果、果即因」とか言いますが、因と果を普通は「現在は過去の果であり、現在は未来の因である」というように、時間的に過去、現在、未来というような観念を設定、こしらえて、そこの間に因果関係を説くのであります。

それが、「一如」というのは、現在にピシャッと過去も未来も入っているということであります。

よいことをしたからよい結果が出る、悪いことをしたから悪い結果を受ける。これはその通りですが、「因果一如」というと、今ここの、たった今（老師卓を一下）この刹那に因と果を断ち切った、断ち切るということが一如です。スパリッと行く。禅には、

「生や全機現《ぜんきげん》、死や全機現《ぜんきげん》」

という言葉があります。「生も一時《いちじ》の位、死も一時の位」とも申します。

無始無終の永遠な仏心が、生として現在お互いが生きている。

生きている時は死んでいるんじゃない、死は来ちゃいない。

だから生は生で、独立した一時の位です。お亡くなりになって死が到来すれば、それが一時の位です。

死の時は死だけ、生の時は生だけ、こういうふうに見る見方がある。死や全機現――決して死は生の一部であり、生は死の一部といったように考えない。生の時は全部、死の時はまた全部ということになります。

因果といっても、因だから果を期待してこうだとか、果は過去の因だからこうだという考えではありません。それはまあ、それでなければ一般的な意味での生活はできませんけれども、禅でいうと、その時、その時だけ。

仏心一つだ

お釈迦さまが、迦葉《かしょう》尊者に対して、花を一本立てて見せた。迦葉尊者だけじゃない、大勢にこうして見せた。

そうしたら一人迦葉さんだけニコッとお笑いになった。

お釈迦さんは、「吾に正法眼蔵《しょうぼうげんぞう》、涅槃妙心《ねはんみょうしん》、実相無相、微妙《みみょう》の法門あり、摩訶迦葉《まかかしょう》に付嘱《ふぞく》す。」といって、禅を迦葉尊者に付嘱した。

黙って花一本立てても、わかる人には、全機現がわかる。わからん人には、それがわからん。全機現――一切。

この「因果一如」のこともまだまだ丁寧に言わなければいかんのですが、後もあるのでこのくらいにしておいて、次の「無二無三の道直し」です。

「無二無三」二もなくまた三もなし――これは『法華経』にある言葉であります。

「唯有一乗法無二亦無三《ゆいういちじょうほうむにやくむさん》」

ただ一乗の法のみあって、二もなくまた三もなしとある。「一乗」というのは、この間大乗の説明でいたしましたように、仏教の教義の大事なことでありますが、仮りに仏教では、

二乗 ┬ 大乗
　　 └ 小乗

三乗 ┬ 声聞乗《しょうもんじょう》
　　 ├ 縁覚乗《えんがくじょう》
　　 └ 菩薩乗《ぼさつじょう》

と二乗、三乗に分類いたします。ズバリッというと、一乗が本当です。

私が「仏心一つだ」というのが、一乗の意味であります。

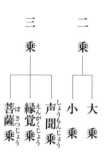

一乗ということは、今までの列車のように、一等とか二等とか三等、そんなクラスはない。ノークラスです。全部一つの乗りものだ、全部仏心に貫かれている人間であるということです。これが仏教の大事な考えであります。

「無二無三」というのは、ここから出た。二もなく三もなし。禅は、言うまでもなく一乗の立場をとっている。

白隠さまの原稿にも「無二亦《やく》無三の道直し」亦《やく》という字が入っているものも、最初の和讃にはあります。これは、いくたびか少し下地が変化して今日に至っている。次に、

無相《むそう》の相《そう》を相《そう》として　　行《ゆ》くも帰《かえ》るも余所《よそ》ならず
無念《むねん》の念《ねん》を念《ねん》として　　謡《うた》うも舞《ま》うも法《のり》の声《こえ》

というふうにうたわれた。「相」というのは姿であります。赤い顔も青い顔も、長い顔も丸い顔もありますが、それが、みんな本当は「無相の相」なんです。

しかし、いちおうは相があります。良い相もあり、悪い相もある。

私どもが実際にこうしてお互いに対面していると、人相ということも粗末にはならん。また大事なことなんです。

一目見ただけで、この人は心のきれいな人か、暖い人か、あるいはよくない人か、冷たい人か、ということは、よほどこちらの感じるものが鈍っていない限り、たいがいそうしたことは観てとれるものなんです。

ですから私は、人間の心というものは怖いものだと思っています。

人相というものは、ちょっと心に思ったから人相がよくなったり、悪くなったり、ちょっとのことでは変わらない。よほど深刻な何かを受けた時などはすぐ出て来ることもありましょうけれども、日々の繰り返しのなかで、それが人相になる。

ある人が、人相とはある意思や感情が相当期間にわたって反復され繰り返されて、その表現の固定したもの、固まったものが人相だ、と申しました。

これはそうだと思います。優しい心を持っている人が、それでもちょっと思ったらすぐ優しくなるんじゃない。始終優しい心を持ち、穏やかな心を持っている人は、いつか顔がそうなる。人にも言わない自分だけのつもりでいても、険しい心や意地悪な心を持っていると、いつか顔がそうなってしまう。これは、怖いものだ。

死んでどこへ行くか

私の先輩に今年九十歳になった人がいますが、その人が円覚寺の僧堂の雲水をしていた時の話です。――まあ、昔のことだから話してもよかろうと思います。

その方がある日の朝、戸塚の在のお寺にお使いに行った。そして「御免下さい」といって庫裡の土間に立って声をかけた。

中から人が近づいて来る音がして待っていたら、正面の障子がスーッと開いて、そこへ顔を出した人には角《つの》が生えていた。

思わずゾーッとしたというんですが、おれも禅坊主だと思って、ぐっと臍《へそ》の下に力を入れて、よく見直した。そうしたら、それはその寺の奥さんだった。

つまりその奥さんに、その時何かあったに違いないですね。

「昔から鬼女なんていうお面もあるし、俗に角の生えた女性といわれるが、あれは本当だよ。決してこしらえごとじゃない。わしはこの目で見たんだ。わしは何も思いこみを持って行ったんじゃない。無心で行ったわしの目に、ちゃんと角が生えて見えたんだから、ああいうことはあるんだよ」と言ってよく私に話して下さった。そういうものらしい。

ここには御婦人方が多くて、まことに申し訳ないのですが、どうも私らのような禿頭に角《つの》が生えても似合わんですね。やっぱり御婦人の、豊かな髪からぐっと出ると、いかにも似合う。絵に描いても凄味がある。やっぱり奥さん方のほうがどうも角を生やすのには都合のいい心理があるらしい。

とはいっても赤鬼、青鬼などは男のようですから、結句、人間の心に男も女もありません。

つまり「無相の相」です。われわれの相は、心や体のよい業を総合すればよい人相にもなり福相にもなる。悪い行為を繰り返していれば悪い相にもなり、角も生えるし……。

無相——本当は皆これ仏心なんです。ここは悟りの上からいって、無相の相、同じ仏心の上だということなんです。

人間だけじゃない、柳も松もみんな無相の相です。行くも帰るも――どこへ行っても仏心以外の世界にはいかないんです。だから禅では「死んでどこへ行く」などと問い詰める。これは坐禅の公案と言いまして、修行するものを試みるためにあえて問題として立てるわけです。

「死んでどこへ行くか」というような公案はいくらでもある。それが答えられないようじゃ一人前の雲水じゃない。

「無《む》念《ねん》の念《ねん》を念《ねん》として　謡《うた》うも舞《ま》うも法《のり》の声《こえ》」

これは「無相の相」と同じような意味です。「無念の念」――われわれが憎いと思い、可愛いと思う、いかにもその「念」が頑固にありそうですけれども、本当はこれも皆「無念」なんです。

仏心の大虚空に浮んだ雲のようなものであり、仏心の水の上に浮いた泡のようなものでありまして、心配はない。「謡うも舞うも法の声」――何をしても一切が悟りの世界での話になる。

これは仏心の信心、仏心という裏づけのあることを申し上げておりますが、それから言ったら本当はその通りです。

ですから皆さん、どうせ一度はわれわれも、必ずその時が来る。それも、行くも帰るも――生れるも死ぬもよそならず、謡うも舞うも――泣くも笑うも法の声です。

三昧《さんまい》無礙《むげ》の空《そら》ひろく　四智《しち》円《えん》明《みょう》の月《つき》さえん

三昧ということは三摩地《さんまじ》（samādhi）というインドの言葉の音を写したらしい。この三つの味すという漢字に意味はない。三摩提と他の字を当てるものもありますが、それが三昧《くらま》、三昧と日本語のようになってしまった。「あいつは碁を打ちかけると碁三昧だ」魚釣りに行って夢中になると、「魚釣三昧だ」という。よく一心になっている状態を三昧と日本人はいっていますが、だいたい当っています。

「三昧とは正受なり、正受とは不受なり」

といって、「正受」は正しく受ける、見るということ、ものを聞き、ものを見て、そしてしかも、「不受」は見ないということです。

これは何だか逆説的なように見えますが、三昧というものはそういうものです。

四つの智慧

「四智円明の月さえん」の四智とは、四つの智慧ということで、以下の四つです。

①大円鏡智《だいえんきょうち》
②平等性智《びょうどうしょうち》
③妙観察智《みょうかんさっち》

④成所作智《じょうしょさち》

第一の「大円鏡智」は、わかりよくいうと、悟りの根本の当体であり、これは仏心といつも申し上げているところです。生も死もない。

ちょうどここに鏡がありますが、あなた方が全部映る。鏡は、人が来て増えようが、去って減ろうが、そんなことは分別はしない。ただ映している。ズラッと映している。美人が来れば美人を映す。そうでない人が来ればそうでない人を映す。何でもズーッと映す。大は大、小は小。

私たちの心の世界には、そういうところがある。何にも分別しない。

もちろんこちらにああとか、こうとか意志が動けば分別なんです。意志がないから鏡のようだ。赤ん坊の目みたいなものだ。それが大人の心にもちゃんとあるんです。

どんなものが映っても、美しいものが映っても、そこに来ている時は映るが、行ってしまえば何ものも映らない。汚いものが来ても同様です。これを禅の言葉でいえば、

「漢来れば漢現じ、胡来れば胡現ず」

漢というのは中国の中央に住む漢人のこと、その風俗をした人が来れば、中央の風俗をした人が映り、北方に住むえびす（胡）が来れば、えびすが映る。当り前のことですけれども、そういうふうに言います。

ここにはもう自もなければ、他もない。本当に宇宙一枚であって、一枚という意識もない世界です。これを大円鏡智という。根本の智慧と申します。精出して修行して是非とも達しなければならん境地はこれですね。これが根本です。これが大円鏡智です。

それから二番目が「平等性智」。

これは、大円鏡智の境涯から何ものかに触れて意識が動く。

白隠禅師が精出して坐禅して三昧に入っておられて、どこかの鐘の声がゴーンと響いて来た。その鐘の声を聞いて気がついた、悟った。

ここ円覚寺の開山の仏光国師というお方も、精出して坐禅していて、板《はん》という禅堂の鳴らし物の「カーン、カーン」という音を聞いてお悟りになった。

こういう例はたくさんあります。そのゴーンという鐘の声ではっと気がつく。

ここで大円鏡智の世界から私どものある意識が動いて、外物との関係を意識する。つまり気がついたということですね。

さあ、そうなると、今までの山であり、川でありますが、今までとは違って、山も川も、天も地も、一切がまったく自分のうちにあるという気がする。

これは、おかしいくらいです。まったく何もかも自分の中にある。だから、自分が宇宙大になったという気がする。

仏光国師も、やはりそれが嬉しくてたまらなくて、山の上に登ったというんです。まったく嬉しくて。明くる朝、太陽が東の遠い所へ昇るのを見て、「何、太陽の昇るなんてあんな遠いように思ったが、あれもわしの心のうちなんだな」と。

つまり今の言葉でいえば、何光年もかかって光が地球に達するほどの遠方にある恒星も、自分の心から出ていないじゃないかと言って、開山様はとても嬉しくて山の上をぐるぐる歩き回ったということを、御自分でおっしゃっている。

「十方世界」と以前にも申しましたが、全宇宙が自分の展開とみる。これが平等性智でであります。

そこに山があっても、川があっても、男がおっても、女がおっても、その意味で自己なんです。そういうところで、いわゆるすべて平等だ。

しかしながら、自己ということは自己でないことです。

自己というと何かあるように思うが、先にいった仏心なんですね。

それから普通、常識では自己という言葉はあります。われ、自らと、己という字を書く。

ところが禅宗には他己という言葉がある。他の己、自己と他己――他もまた自己です。

自己も他です。こういうふうにみる所を、平等性智というのです。


それから「妙観察智」、妙に観察する智慧ということです。今度は美人は美人、才子は才子、愚者は愚者、それぞれ専門の各種の器官、見たり聞いたりする器官を通して、その相手を観察して、そしてそれぞれに適当に動く、働く。

これがなかったら、この実際の世間というものは成り立たない。誰も彼も同じじゃありません。目では見、耳では聞き、手ではものを取り、足では歩く。手や足の活動でもそうでありますが、その他様々ですね。いろいろに文字通り妙に観察する。

妙観察智とは、縦横に自分の心の動くことであります。

次の「成所作智」、これは、雲水達もよく聞いておけよ。成所作智ということは、所作をなすところの智ということだ。所作ということは働きということだ。働きをなす。所作を成ずる智ということだ。

「我」にはこの世の中において、いろいろとああしたい、こうしたいという考えがありますが、それを達成するには、必ずそれぞれの専門的な考察が要る。その相手の根機を見、事業の性質を見極め、そしてそれに応じた手を打たねばならん。努力もせんならん。そういう働きをする智慧が成所作智。

四智というと、いかにも四つあるようでありますけれども、これは私どもの心に自然に具わっている働きなんです。

いい加減に修行するとか、信心でも本当に深めない人には、根本の大円鏡智的な世界がわからないので、窮屈になってしまう。それがわかれば何もかも皆生きて来る。

この四つを逆にいうと、私どもが坐禅なら坐禅にかかる時は、まず五感を通じて見たり聞いたりするものを縁として、われわれの考えは動きます。こうして禅堂でもどこでも坐ると、見たり聞いたりは殆ど少くなるが、頭の中に前からのいろいろなものがあって、なかなか綺麗にならんです。

そのごちゃごちゃしたものを、だんだん坐禅が深まるに従って捨てていく。仕舞いの果てには、臍の下で微かに脈を打つだけになってしまう。脈打つだけ。

そこの所へまた純化していって、仕舞いには今言ったような境地にまで入っていくんです。

これをわかりよく言うと、普段住んでいるいろいろの心の働きや、習慣的に動くものがありますが、それをちょうど着物でも脱ぐように、上から順に脱いで行って、全部脱いでしまって何もなくなった、捨てて捨て切った所を、大円鏡智というと言ってもいいでしょう。

今度は、今の大円鏡智から、平等性智に出、妙観察智に出、成所作智に出るということは、今まで脱いで捨てておいたのを、また順に拾って体につけて、そして全部生かすことです。

この根本がわからないと、われわれの生活は、ありもしない「オレが」に執われている以上は、もはや安らかに自由にもできないし、生死にも苦しみ、生き死にの問題にも解決がつかない。

仏心の現れ

ですから、いつも言う通り、仏心の中には生死はないという信心。いつも清らかであり、いつも静かであり、いつも安らかであり、いつも明るい、楽しくさえある、こういう信心――われわれの心の底はそういうものだということを信じ切ってしまえば、上つらの方で、いろいろごちゃごちゃしたって別に心配していただかんでもいい。

私は皆さんには坐禅を組んで悟りをするところまで行かなくても、このお釈迦さまの教えや祖師方の教えを信じて、われわれは生れる前から死ぬまで仏心の中にいるんだという、これを信じていただければと思うんです。

人間は、その生き通しの仏心の中に生れ、仏心の中に住んで、仏心の中で息を引き取るんです。

それは、民族の伝統や何かで考え方は違います。天国へ行くというキリスト教の人の考えもあろうし、また神道のように高天原に行くという考えもおありになるだろうし、あるいはお浄土へ行くんだという考えもあるでしょうけれども、それは実質的にはその仏心と

いう、こういう大真理が支えていてくれて、それをそれぞれの立場から言うに過ぎないのです。ですから、禅ではこういうことを、

「仁者はこれをみて仁といい、智者はこれをみて智という。」

という表現をしております。

同じ真理であっても、いわゆる仁に立つものは仁といい、智を頑張る者は智という。クリスチャンは神といい、浄土系では極楽といい、神道では高天原といいますが、この真理の根本を信じつかまえている者から見れば、他人がレッテルを何と貼ったって「ああそうか、君はそう思っているのか」で済んでしまう。

ところが形式に執われる人だと、「天国と極楽、そんな馬鹿なことがあるか」こういうことになってしまう。

その点日本人は仏教的な考えを持っていますから、たいがい他民族の宗教に対してでも、ある理解がつくんですね。

きのうの朝ラジオで、北村透谷という詩人の話をどなたかしていまして、透谷という人

はクリスチャンだそうですが、詩集に「自然」という字に「かみ」と振りがなをよく振ってあるそうです。自然 Nature です。それを「かみ」と振りがなしている。

本当を言ったらクリスチャンで神というと、そういうことじゃない。

花の咲くのも、木の葉の出るのも自然ですが、これは、本当は汎神論的な仏教の考えがないと出ない。汎神論といっても、仏教は今言うような、みんな仏心の現れだとする。

それからちょっと余談ですけれども、昔雲門という和尚に「いかなるかこれ仏」と言ったらば「乾屎橛《かんしけつ》――糞かきべら。」おそろしく汚ない話です。糞かきべら――まあ、犬の糞でもいいんです。犬の糞も仏だって言える。

本当はそういうふうに受け取るのは、哲学的な理屈なんですよ――雲門が乾屎橛と答えたのは、そういう汎神論的な思想背景はあるけれども、禅はそんな説明をしておったのでは承知しない。ここが禅というものが、ちょっと面白いところなんです。ああだから、こうだからと言ったら禅じゃなくなる。

「いかなるかこれ仏」

「乾屎橛。くそかきべら。犬のくそ。」

これでいいんです。ですがまあこれは話です。

さっき言ったように平等の面からいうと、その仏心が犬の糞にもなれば、蓮の台にもなれば、何にでもなるんですから、それを自然と言ったって構わない。神と言ったってこわくない。

だから昨日の解説者は、透谷はクリスチャンであったけれども、そのものをみる気持ちは、やはり仏教の汎神論的な思想をもっていたようですと言っていました。日本人で少し頭のある人で、こういう仏教的な理解を身につけていない人はないと思います。

亡くなった賀川豊彦さんは、私は少しおつきあいがあったのですけれども、賀川さんという人は華厳《けごん》の教理を非常に愛していた人です。

華厳の教理なんかに共鳴されたら、ヨーロッパの伝統的なキリスト教の神というものとは少し違うということになる。

讃美歌を唱えてお祈りしているところを見ると、立派に向うの伝統的なクリスチャンのようになっていますけれども、賀川さんの神さまは、そういう考えから言うとちょっと違って来る。違って来るよりも、華厳哲学の立場から神のあり方を是認しているということになると思います。

日本人には神仏《かみほとけ》といって、昔から神と仏は同じだと教えられていた頭があって、単純にクリスチャンに入っている人が多い。

それで、しばらくするとその相違に気づく。向うの伝統的キリスト教と、日本で言う神仏の神とは違うということがわかって来る。


先年、東大名誉教授の山野清一郎さんの主催している会へ、私が連続講義に行っていた時に、前で実に熱心に聞いてはノートしている年配の方があった。

その方が山野先生と私に対して余りに熱心に質問する。二人で相手になっていろいろに説いてあげたんです。

終いには「私は実はクリスチャンです」とバイブルを懐から出す。そして向うのキリスト教的な解釈が行き詰った事を説明する。

私はそれを聞いて、「ははア、ここだな」と思った。

「あんたはそれじゃ、最初から神と仏というものは違っていないと思って入信したんじゃないですか」と言ったら、「私はキリスト教の話がわかりよいから、こっちの方が早いと思って始めたんだ」と言う。

「それは、本当は違うんだ。仏教で言う仏ということと、キリスト教の神とはこういう点が違うんだ」と私が説明したところ、初めてわかったというような顔をして「そうでしたか」――非常に熱心な人でしたが、そう言った。

日本は離れ小島として、政治や経済が歴史的に孤立していたように、宗教も、仏教が平安朝から鎌倉時代に大陸から輸入されてから、天文年間にキリスト教がちょっと入ろうとして阻止された。そして明治まで来なかった。

ですから、仏教という思想で本当に日本人の頭は縛られている。日本人がよほど変った考えをしたつもりでも、仏教的な考えを出ていないんですね。

クリスチャンという人でも、それは、お祈りしたりする段になれば向うとおんなじですけれども、日本人のクリスチャンで神さまを信じている人には、どうも仏教的な理念で神さまを信じている人がたくさんあるようです。これは今、外国でもこういう傾向がありますが……。

今、ここが

「四智円明の月さえん」、さっきいったように、四通りの智慧といっても難しいことはない。われわれの心が、基礎を持つというとおかしいが、本当の落ちつきを得て、そして広やかになり、物事を正しく観察し、いたずらに感情的になったりしない。

仏や祖師を尊ぶのも、仏や祖師が人間を愛していただいて、人間の苦悩に同情していただいている、この慈悲をわれわれはやはり有難く思う。

その四智の働きは、われわれの持っているすべてをすっきりとしたもので、喜びも悲しみも包んで、すべてをもっと広やかな、落ちついたものとして、余りゴチャゴチャしないように整えて行く、これが智慧なんです。

それは皆に具わっている。これは信心なり修行なりする者には理屈でなく自然に働く。

このように分析して四つだなどというと、いかにも四つのものがあるように思うが、そうではない。われわれの心が本当に落ちつき、豊かになり、広くなるという生活には、ちゃんとこれが働いているんです。それが妨げられている時、ぎごちなくなる。

此《こ》の時《とき》何《なに》をか求《もと》むべき　寂滅現前《じゃくめつげんぜん》するゆえに
当処《とうしょ》即《すなわ》ち蓮華国《れんげこく》　此《こ》の身《み》即《すなわ》ち仏《ほとけ》なり

この「寂滅」というと死ぬことのように思うが、そうじゃない。悟りということです。泣いても笑っても落ちつくところです。

この肉体の生命の終る時と、悟りの世界とは一つだと思っていただいたらいいんです。あなた方が今わからなくても、この肉体を捨てたらわかるぞ、と思っていただいてもいいんです。

「寂滅現前するゆえに」——寂滅ということは、ですから非常に結構なことです。

「寂滅為楽と響くなり」などというと陰気くさくなるが、寂滅現前したら、今、ここが

「お浄土」であり、われわれのこの身が仏なのです。

「坐禅和讃」をずっと読んでまいりましたが、ここで最初の「衆生本来仏なり」ということになります。

朝比奈老師の一転語

一語よく迷を転じて悟に至らしむるを
一転語といいますが、これは
臨済宗円覚寺派管長朝比奈宗源老師の
米寿を記念し編した老師の「一転語」
であります。
言々句々、世の法乳とならば幸です。

昭和五十四年一月

円覚寺塔頭　黄　梅　院

仏心

仏心は生き死にを超え天地《あめつち》を包みて
天真独朗のものぞ

鐘銘に

人はみな仏なるぞと告げわたるこの
鐘の声釈迦牟尼の声

仏心には生死の沙汰はない
永遠に安らかな永遠に清らかな永遠に静かな光明に照らされている

仏心には罪やけがれも届かないから
仏心はいつも清らかであり
いつも静かであり
いつも安らかである
これがわたしたちの心の大本《おおもと》である

仏心の中には生き死にはない
いつも生き通しである
人は仏心の中に生まれ
仏心の中に生き
仏心の中に息をひきとる
生れる前も仏心

生きている間も仏心
死んでからも仏心
仏心とは一秒時も離れてはいない。

禅、禅と強調するところに、お釈迦さまの仏法をせまくした嫌いがある。それをもとの広い仏教にかえそうとするのが、わしの仏心の信心だ。

既成仏教は育ちすぎだ。根をおろせ、実であれ。

神や仏に通ずるお経と人に聞かせるお経とがある。前者でなくてはいかん。鐘撞くときも仏さまに通じるように。

わしの弱かった身体がこんなに生きているのも、坐禅やお経のおかげだ。

本当に坐禅する者は、祖師方に見ていただいておるようにやれ。

坐禅の心もちは、こげついた鉄鍋《てつなべ》の底をこそげ落すようにいけ。

坐禅は、その時その時が大切な瞬間だ。

気をつめて気違いになるようにやれ、ガスもつまらにゃ爆発せんぞ。

公案は他人の荷物預っておるようにぼんやり持っておっては駄目だ。
縦に嚙み、横に嚙み、究め究めて行け。

偉人の伝記を読んで興味を感じるようでないといかん。

自己の心をはずしたら宇宙のもの皆消えてしまうぞ。蟻のひげ一本もない。

若い時、真浄老師からこういう話を伺ったことがある。

昔、奈良の方に一人の極道息子がいた。なんとか大金を手に入れて後生安楽に暮せるよう、ひとつ、お寺の宝物でも盗み出してやれと、二月堂あたりの床下にもぐってチャンスを窺い、ごっそり盗んで、かねて好きだった女性と手に手をとって伊勢の方へ出奔した。

何年かするうちに子供もでき、その子の七五三か元服の祝いに、盗んだ宝物のうちの短刀を取出して、子供のために何か飾りでも付けさせようとして研師に出した。

ところがその刀があんまり美事だったので、研師がとうとうお上《かみ》に申し出た。お上でいろいろ調べたところ、それは奈良の方で何年か昔に盗られたものとわかり、遂に召し捕られて獄中でくらすことになったので、一家は悲惨の底に沈んだ。そして長年苦しみが続き、男はつくづくと悪事を悔いた。

するとある時「カランカラン」と鰐口《わにぐち》の音がする。ひょっとみると一人の女の人がお賽銭をあげて一心に我が子の無事を祈っている。

「ああ、わしもあのおふくろのようであったらなあ」

と思った。

ところがふと気がついてみると、自分はまだお寺の床下にいるという。この男、盗みをしようとお寺の床下に潜むうち、ついトロトロと眠ってしまって、夢を見ていたのだ。盗みをしようとする一念が展開すると、こういうことになる。鰐口の音で目がさめ、心もさめたぞ。

宮本武蔵は「ワシは神や仏は信じぬが、あとで絶対後悔せぬようにやる」と言ったとか。

八十歳を過ぎて初めていうぞ。坐ると心がもどってくる。いつもはあっちこっちと駆けまわっておる心が、坐禅すると自己にかえってくるのだ。百千に分裂しておった自己が、坐るともどってきて本当の自己におさまる。まあひとつ冷暖自知せよ。

若い頃、浄智寺にいたとき大雪の降ったことがある。京都の竹はしなやかだが、関東の竹は雪折れする。「ああはじめて竹の折れる音を聴いた」なんて、わしは呑気に友達と漢詩なぞつくり合っていた。そこへ師匠の堯道老師が雪を蹴ってお帰りになった。「どうした竹は」「はい、大分雪折れしております」「ばか、ふるうんだ」。わしは吃驚して飛び出すと、夢中で竹藪の竹をふるいはじめた。何しろ貧乏寺の浄智寺にとって、裏山の竹は当時重要な財源だったからなあ。

ところがふと気づくと、深い雪の中で足をとられて、わしがよろけたり、ころげたりして偶然腰や肩が触れた竹も、そのはずみに葉先の雪がこぼれると、さ、さ、さ、さ、と弾力的に頭をもたげはじめ、やがてさあーっと美事に全身の雪をふるい落して、自分の力ですっくと立つのだ。あちらでもすっく、こちらでもすっくと。わしはその時自分は将来宗教家として、無意識に触れた人にも、その人の迷いや悩みをはらい落す力となって、喜んでもらえるような、そういう人になりたいものだと、願を立てた。縁あるかぎり、人を明るく、より豊かにしたいものだと、心に決めた。

人をよくし、社会をよくするという慈悲心があることが、一番人をよくし、世界をよくする。イデオロギーなんぞに踊らされるな、神、仏というも、私心の入らない法則といってもよかろう。

智慧第一の法然房が、いろいろ学問したその挙句「一枚起請文」でおすがりしますで片づいた。

三鷹事件で死刑の判決をうけた被告の竹内景助（仁山宗景居士）にこんな句がある。

涼しさや刃《やいば》のもとの寝起きかな

真浄老師は若い時近江の土山の永雲寺というお寺に住職された。ここの先住がバクチ好きで、いつも負けて帰って来ては「畜生！」「いまいま

しい」と口の中でぶつぶついっているが、そのうち
「え、い、あいつもやがて死ぬ奴ぢゃ」
と言ってあきらめる。馬鹿な坊さんだが、こんな悟りに通じるようなものも持っていたんだなあ。

土山ではこの和尚に困って、村の代表が本山の大徳寺にかけ合いに行き、和尚を取りかえてくれと頼んだ。すると昔の大本山あたりには面白い執事さんも居たとみえて「あの和尚、お前たちの村にやるまでは、あんな悪い癖なかった。あの癖直したら引取ろう」。

あっはっは……。

女の人の化粧とは、廻り灯籠のようなものだ。真ん中に一本ローソクがともらなければ、綺麗な影絵も廻りはせん。

わしは勝負事に何かを賭けることは余り好きではない。勝っても只、負

けても只だから、勝負事は面白いのだ。この世に生きている間、どんなに徳を積んでも「仏心」、どんなにつまらない死に方をしても「仏心」、だから「仏心」はありがたいのだ。

生甲斐のある人生を見出せ。

そこで聞いておるものはなんぞ、それ以上なにもいらない。そこに全部揃っている。そのままで絶対じゃ。坐禅は坐禅の中にのみ、坐禅の尊さを知らねばならぬ。

わしの弟子の田舎の寺の隠居和尚が死ぬとき、苦しんで、苦しんで、まわりの人は、禅宗坊さんでもこんなに苦しがるものかぐらいに思っておったが、いざ死んで棺におさめようとしたら、枕の下から一枚の紙切れが出てきて、それにはこう書いてあった。

　なにはさてこれから先は自在なり

僧堂の雲水の一人の、授業寺の和尚が死んだ。辞世の句がいいんだなあ。

十方に獅子奮迅の牡丹かな

この和尚は紀州の山奥の寺に独りで棲んでいた。今、雲水になって来ているのは近くの農家の子で、ちょくちょくその寺に遊びに行くと、いつもすきっと掃除ができている。子供心に、お寺はいいなあ、お寺はいいなあと思ううち、とうとうその和尚について得度した。

妙心僧堂のころ、廊下にこぼれた水銀の珠を見て感じた。水銀はいくつに分れてもやっぱり一つ一つが円い。その一つ一つが皆円満じゃ。どこにころがっても円い。世間の相に染まずというはこれかと思った。

生きながら死人となりてなりはてて
思うがままにするわざぞよき

至道無難禅師

解脱というのはここだ。根本を切っておいて、そこへもって行くと一切が生きてくる。だがなかなか容易なことではない。正受老人も七十にもなって

「四十年苦心して、このごろやっと正念相続がわかりかけた」

と言われたくらいだ。

香道で香を聴きわけるに、何度もやると鼻がきかなくなる。だが沢庵をかぐともとにもどるという。そこから「香《こう》のもの」というそうだ。消費生活もときどきもとに戻すと、物の有難味がわかる。

日本では剣道、柔道、茶道、華道、香道などといって、いずれも単なる所作技術でないことを標榜する。道とは何ぞ、剣、茶、香等々を通じて自己の心の大本に達するを目標とするところに、道といわれる所以《ゆえん》があ

る。いわんや仏道においてをやだ。
心の世界は開拓すればいくらでも広くなる。物を中心とした今の世界はだんだんせせこましくなる。夢窓国師は

眼裏《がんり》に塵《ちり》あれば三界窄《すぼ》く
心頭無事なれば一床も寛《ひろ》し

と言われた。

夢窓国師が弟子と風呂をもらいに行かれたら、孟宗竹を切った小さな手桶だった。弟子が「ケチな和尚」というと、国師云く
「桶が小さいでない、お前が小さい」

夏、由比ヶ浜で甲羅干しをしていて一握りの砂をよく見たら、砂は細かく砕けた貝のかけらで出来ていた。『法華経』に、三千世界の刹土のうちに、処として菩薩の身を捨てないところはないというのはこのことかと思った。

慈悲とは理解である。

鈴木大拙居士の夫人のヴィアトリスさんは、円覚寺の山内に電灯をひこうということになった時、山内に電気はいらんと、どなって歩いていた。

或る学者が、諸行無常を諸行無情と説いておる。宇宙間のことは実に情容赦はない。人間の意志ではどうにもならんところに在る。

真浄老師が修行に苦しんでおられた頃、まわりの雲水があんまり公案の話をするので、うるさくて注意した。するとその連中に

「詮老よ（真浄老師のこと）、醤油の樽みたいなもので、中に醤油が入っておれば自然に外ににじみ出る。中にないものは出て来ようがあるまい」

そういわれて発奮された。

幸せになるにはつくりごとをやめることじゃ。つくりごとを重ねると身も心も不健康になる。身体も心も健康な方がよい。坐禅は身心を健康にする。

悟り臭いようではいかん。

化粧なんぞも、紅《べに》や白粉《おしろい》つけましたではとろい。

不粧紅粉自風流（紅粉よそおわずおのづから風流）

という。悟ったの悟らんのといっとるようではとろい。

人間はすぐれた人のことを思うと、こちらが薄汚いことなんぞを思っておったのが、恥ずかしくなる。

自己に問題の無いものが、あちらの講演会、こちらの禅会と聞いてまわっても駄目だ。耳の垢がたまるばかりだ。解決すべき問題があって、はじめて聞いたり教えられたものが肥《こやし》になって自己が成長する。焦穀敗種では芽は出ぬ。生きた問題をもて。

平林寺の峰尾大休老師は、はじめ句双紙《くぞうし》（禅林句集）も読めなんだが、寺持ってからも修行学問、妙心寺管長時代には有名なくらい詩もできた。人間、志がないと伸びん。さらにものができ、修行ができても、菩提心がないと、死んだも同然だ。

「有の見、山の如きはまだいい、空見（断無の見）はいかん」と、古人もいっている。空《くう》についたらいかんのじゃ。

母の乳房が大きくないと、いい子は育たぬ。

「源深からざれば流れ遠からず」というぞ。

こっちが我《われ》なしならば、一切処我《いっさいじょ》ならざるものはない。

坐禅したとて、水甕から火が出るようなことはないぞ、じり、じり、一歩一歩山へ登るようにいけ。

これ（修行）は正攻法よりない。

中田時愁《ときしげ》中将が少佐で名古屋にいたころ、名物男の下士官がバラスケで手を焼いたが、それを徳源僧堂で修行させたら、予算内でいろいろご馳走をつくって部隊中をよろこばせ、陸軍省の予算会議でも目の色を変えて予算分捕りに参加しなくてもすむようになった。
白隠下の行應さんは犬の前を通るにも
「ごめんなされ」
といわれた。
建長寺の寒松室宮田東珉老師は、わしが妙心僧堂に掛搭した時の知客《しか》寮《りょう》、次に聖侍《しょうじ》で、ことあるごとに、告報でも
青瓢箪（わしのこと）に糞道心（東慶寺先住佐藤禅忠和尚のこと）といじめられた。今日あるも、こんな人々のお蔭じゃ。
裏千家の茶と志野流香道の西山庵《いおり》先生の教場で、暑いさかりに真《しん》の台子の稽古を見た。したたり落ちる汗もふかずに皆がやっておった。なりきってやっておる時は、釜の前で天地一枚の茶だ。暑いも寒いもない。

心に慈悲を抱く人の顔は
常にあたたかい
慈悲は人生の
ともしびである

個人我を捨て、宗旨の我を捨て、国家の我を捨てねばいかん。発心（心の目指すところ）正しからざれば、万行虚しくほどこす、と言うぞ。道に迷ったら元にもどれ、仏教も、わからんようになったら、仏教の根本に返れ。

革新とか復興は生きた人でないとできない。

中国では、偉大な人というときに、よくわからんと表現することが多い。

奥深く、なかなかわからんようなのが、ほんとうの大物だ。

禅は三段論法でも二段論法でもない。一段論法というべきだ。

京都で托鉢の時に金箔をのばしているのを見たことがある。金は叩くといくらでも薄くのびる。粒子が極めて細かいからだそうだ。人間も我《われ》なしだと伸びる。我ありはうまく伸びん。

宗演老師は

　鉄瓶がたぎっておったら蓋をとってみよ、湯が少なかったら水をさせ、湯が一杯なら火をいけよ。
　歳暮などの到来物をそまつにするな。

と、常に戒められた。

人間は心だけしか言葉に出ぬ。

昔の母は、修行や奉公に出した子供が帰って来た時、家で甘くして奉公先が嫌になってはいかんからと、わざわざ厳しく、邪慳にさえしたという。

子供たちに色紙を書いてやるのに今まで「つよくただしく」と書いてきたが、このごろ「なかよく」と書き足すことにした。強く正しい信念を通そうとしたら、周囲と仲好くすることを考えねば、実現できんからな。

厳寒、鷹は森の小鳥を摑んで爪をあたため、夜をすごす。これを「ぬくめ鳥」という。明け方小鳥を放すが、それが飛び去った方角の獲物を、鷹はその日いちにち捉えぬという。

天地一杯の悲願をかかえていても、誰にも居所のわからんような人になれ。

石垣を積むには基礎が大事だ。修行もまた然り、若い時にしっかりと培っておけ。

学問があっても、才能があっても、その人柄がよくないと世間はその人を容れんぞ。人柄ということは大切だ。

建長寺の曇華軒菅原時保老師は、大正昭和にかけて五十余年も建長寺派管長をされた名僧だ。山ノ内の公会堂の敷地に寺の土地を譲ってほしいと地元の人たちに頼まれた時、東慶寺の禅忠さんとわしは条件をつけ、月に一度は優先的に布教のために使うことにした。その第一回、曇華老師に法話を願ったら、開口一番

鎌倉や聞いて極楽見て地獄

慈悲なき里に寺の多さよ

といわれて、冷汗が出たものだ。

曇華軒老師から直接こんな話を伺ったことがある。老師が小僧の頃、和尚の代理で檀家の仏事に行ってお経をあげていると、その家のおかみさんは一生懸命白い米のご飯を炊いてお櫃《ひつ》にうつし、今度はお菜ごしらえにかかった。そこへ赤ん坊が這って来てお櫃につかまったと思うと、おしっこをした。あ、したな、とお経あげながら見ていると、赤ん坊がお櫃の上の杓子《しゃもじ》を払ったので、杓子はぽとんとおしっこの中に落ちた。そこへやって来たおかみさん、何も知らずに杓子を拾い、何だか濡れてるなというふうで、しゃっとしずくを切ると、お櫃の中に入れた。お経がすんでご飯をすすめられたが、今日は腹が痛くてとか何とかごまかして怱々に寺に帰った。七日たってまたお経に行くと、今度は甘酒を出された。甘酒は好物だから腹一杯ご馳走になった。するとおかみさんが喜

んで
「小僧さん、この間は腹痛とかで、折角の白い米のご飯をたべてもらえずあんまり残念だったから、わたしゃあのご飯で甘酒をつくり、今日出てくれるのを待っていました」
と。どうでも受けねばならぬ因縁なら、ご飯が甘酒に化けてでも来る。ならばそれをどう受けるかだ。
人間は、辛いことも二年、楽しいことも二年、まず二年辛棒しなさい。必ず事態が変化する。
南禅寺の近くの婆さんに二人の息子があって、一人は下駄屋、一人は草履屋だった。雨が降ると、婆さんは草履屋が売れんだろうなあと、苦にし、天気だと、下駄屋が売れんだろうなあと苦にした。
そしたら或る人が
「何いうとる。雨の日は下駄屋がよう売れるじゃろうなあ。晴れの日は、今日は草履屋がよう売れるじゃろうと思え」
と教えたという。

丸木橋を渡っていて足をすべらせた。手で一所懸命ぶらさがっているのを自力とすれば、下に舟を出して、その手離して落ちてこいと待ちうけてくれるのが他力。
弥陀の本願を信じて自力を離れることじゃ。

伊勢の方で、昔、多額納税議員にもなったことのある人の話だが、その家は代々門徒の信心が篤かった。両親が亡くなったあと不幸がつづき、誰かから、その家の便所の位置が悪いから直すようにとすすめられた。しかし便所はいじらず、信心に励んで、やがて家ももち直した。
死ぬる間際に家族に言い遺して
「便所だけは移すなよ」
と。要は誠実に信心するかどうかである。

わしが浄智寺の住職になった頃のこと、「鎌倉では易者は商売にならん」ということが言われていた。それは、宝戒寺の慈海和尚という老僧がいて、迷った人がくると

「それじゃわしが厄除けのお経を誦んであげよう」

とみんな引受けちゃったからだった。全部ここで解決してしまったわけだ。

東福寺の敬沖文幢和尚（二九一世）は、十二年間の管長のあいだ、『臨済録』一冊の提唱ですませたという。

理屈を丸めるのは愛や慈悲だ。なぜひっかかるか、これをいつくしむのが神仏。平等の面にめざめ、争うのも戦うのも、その根本を明らかにするためと知らにゃ。

明治の書聖といわれた中林悟竹は、十四歳で上京して勉学、中国へも留学して書家としての名を成したが、五十代で己の書に疑義を抱き、まさに筆を投げようとまで思いつめ、そこで円覚寺の今北洪川老師に参じ、いろいろ申し上げたら、老師は

「あなたがいくら上手に習っても、王羲之は王羲之、顔真卿は顔真卿。何で悟竹の字をお書きなさらん」

と。この一言に心境とみにひらけ、以後、悟竹の書には龍の如きものがあったという。彼は九十までも生きたが、七、八十歳のころの書の方が、若々しく水々しい。

円覚寺の大用国師が飛驒で提唱されたとき、隠山さんが見台侍者をつとめた。あとで隠山さんは

「誠拙さん（大用国師のこと）の提唱は熟練した杣《そま》が薪を割るようだ」

といわれた。

大用国師は二十八歳で永田の月船和尚の推薦で円覚寺へやって来た。しかしその頃の僧堂はあんまり乱れきっていたので、とても駄目だと永田へ帰られた。

すると報告をきいた月船さまは横を向いて

「わしはお前さんを見損ないましたかなあ」

と言われた。この一言に、国師は円覚寺にひき返し、灰皿の片付けまで進んでやって改革を果された。

戦前中国に行った時、北京の北に北海《ペーハイ》というところがあり、そこの寺の聯《れん》に次のような意味が書いてあった。

今、中国の民衆は日本の侵略下に苦しんでいるが、これはわれわれの過去の悪業の報いである。一方、日本の人は、今悪業を積んでいる。だから将来この悪業の報いを受けねばなるまい。そこでわれわれは、自分たちの業の懺悔をするとともに、日本の人々の業をも懺悔してあげねばならない。人類の業は一体であり、己の国、彼の国の別はない。と。これこそ仏教の人生観です。

天龍寺の峨山老師が堺の南宗寺に居たころ、演習で兵隊が泊ったが、いつもの寺の食事を食べさせた。あんまり粗末なので不平が出て、代表が苦情を言いに来た。

「われわれは一朝事ある時は命をささげてお国の御盾となるものだ。命がけの者だから、もう少し待遇を考えてもらいたい」

と。峨山老師は無雑作に

「命がけならお互いだ」

と言われたので、兵隊も吃驚して引下ったという。

食通の人が或るところでご馳走になり、最後に茶漬を所望したら、たくあんがいかにもうまかった。そこで板前を呼んで祝儀をはずみ、

「どうしてこんなに旨いのか」

と聞くと、板前の言うには
「今日はもう仕事が全部終ったと思って台所をすっかりきれいに片づけました。そこへお茶漬のご所望ときいたので、きれいに洗いおさめた包丁を出してたくあんを切りました」
と。修行もすっかり洗い流されていないと、本物の味は出ぬ。

『斜陽』の中で、貴婦人が庭の木蔭でおしっこをしたのが優雅であったと書いている。

安倍能成さんが大勢と歩いていて、急につかつかと列を離れて立小便した。いかにもよかったという。

宮地宗海老師は立小便すると罰金五十銭という時代に、「ホイ五十銭じゃ」とまず隠侍に五十銭持たせてから立小便された。

これこそ立者孤危、誰も批評なぞ差しはさめん。

幸田露伴が福田行誡上人の講義に出たら、上人云く

「読書はなんでもないと思って読め」。

この行誠上人には

いたづらに枕を照らす灯《ともしび》も

思へば人の油なりけり

という歌がある。お歌所の長であった高崎正風氏が明治天皇におめにかけると、帝は

「よい歌だ。一字を替えるとそのまま朕の歌になる」

といわれた。その一字とは

「人を民にする」

と。

壺中日月長——生きておる間はいろいろ店を並べるが、一旦死んだらきれいさっぱり壺の中じゃ。宇宙一杯の仏心にかえるぞ。

蒼龍老師（今北洪川老師）の墓所を骨清窟という、

死在巌根骨也清（死して巌根にあらば、骨もまた清し）

だ。東洋人らしいものがそこにうかがえる。エジプトのようにミイラを残すなど、執着の塊だ。

「命みじかいものは美しい」というぞ。

猫に紙袋をかぶせると必ず後ずさりする。ちょっと手で紙袋をとればなんでもないのに、後へ後へと退って苦しむ。人間もこれと同じことをやって苦しむ場合が多い。ひょいと紙袋をとるようにいければなんでもないのに。

この猫の話をしていて、わしが何気なく
「外国の猫もそうだろうか」

と疑問を出したら、居合わせたうちの一人が世界各地にある自分の会社の支店に早速問合せてくれた。

「拝啓社長様、フランクフルトの猫に紙袋をかぶせましたら、後ずさり致しました」

「ご報告いたします。ロンドンの猫に紙袋をかぶせましたところ、後ずさりしました」

と、各地から入った手紙を、その人は親切にまとめて持って来てくれて、見せて貰ったことがある。やっぱり世界中の猫が後ずさりするようだなあ。

人生のことは、一々未曾有のことだ。その現世の不安から神や仏が出たといえよう。

転変の人生、成功もあり、失敗もある。無常で、有限な命。宗教とはその相対を超えることだ。成功も夢、失敗も夢と知れ。一瞬一瞬ベストを尽せ。いつ死んでも悔いのない努力をせよ。

間宮英宗老師の信者の山口さんは、叡山で念仏していて、株の売買を店の者に指図し、これがいつもよく当ってもうかった。つまり欲から一歩出ているから、差別が正しく見えるのだ。平等、永遠をふんまえて差別に対処せねば、差別に溺れることになる。現実の自己を見ようと思ったら、現実を離れることが必要だ。

円覚寺に、江戸末期に東海禅師という方がおられた。この方は

坐禅をすると内が正しくなる
内が正しくなると外が正しくなる
内と外が正しくなると一切合財が正しくなる

と、常にさとされた。

禅の公案の調べはわからん。わからんから面白い。

このまんまが落ちつけん人が、明日落ちつくことはできん。

今生はっきりせん人が、来生はっきりはせぬ。明日知れぬこの生命で泰然たるには、はらはらする心を根本でスカッと截ることが肝要だ。

死んでもと〳〵。貧でもと〳〵。

この間永平寺の高階瓏仙老師の書を拝見したら

　各在因縁　不羨佗（おのおの因縁あり　佗《た》を羨まず）

とあって感心した。

或る武士がばっさり闇討ちに逢って冥土に行った。余りくやしいから化けて出ようかと思っていると、冥土の仲間が
「お前死ぬ時何と言った」
と聞くので
「無念と言って死んだ」
と答えたら
「そりゃ駄目だ。残念と言って死ねば化けて出られるが、無念ならば化けては出られぬ」
と言ったという落語がある。

永遠とは、ものが変らないということではない。変って行って、しかも永遠なのだ。

　春は春の相《すがた》で永遠
　夏は夏の相で永遠
　秋は秋の相で永遠

冬は冬の相で永遠。

「菩提心とは、観無常の心これなり」と、道元禅師もいわれた。

花は咲く咲く常住
花は散る散る常住。

或る人が極楽の周遊券を手に入れて方々見せて貰った。一つの倉に入ってみると、木耳《きくらげ》の乾したようなものが一杯入っている。

「これは何ですか」

と聞いたら、

「生きている時、有難いお説教を聞き流していた人の耳です。耳だけ極楽に来たんです」

と言う。もう一つの倉に行くと今度は椎茸を乾したようなものが一杯つまっているので、また

「これは何ですか」

と聞いたら、生前ただべらべらと説教ばかりしていた和尚さんたちの舌だという。つまり舌だけが極楽に行ったのだ。

あなた方も、わしの話をただ聞くだけで、自分の暮しの上に活かさなければ、耳だけ極楽に行くぞ。


修行にこれでよいというところはない。

山に登るが如く、登るに従っていよいよ高く、海に入るが如く、入るに従っていよいよ深しじゃ。


清見寺に居ったころ感じたことだが、戸袋に雨戸を入れる。最初の一枚をおろそかにすると、後が入りきらん。なにごとも最初が大切だ。


仏教で「神」とは何だと言うなら、「自然」と言ってもよい。

宇宙そのものだ。

無我が大切だ。

無我でないと過ちを改めることもできない。

人間はおたがい、とかく先人の非ばかり目につくものだが、他人の粗《あら》ばかり探しているようでは、自分が育たん。


われわれの心は部屋の中と同じだ。片づいておれば広々としている。八畳十畳あっても散らかっておったら狭い。

だが一面あんまり片づいておっては近寄り難い。

坊さんは自分独りよければいいのじゃ困る。人を救うという所まで行かなくてもまあ人と逢って悩みでも聞こうとするなら、ちったあ親しみやすいところがなくちゃあな。


何を為ても、後が爽やかであればそれでよい。

何も為ないでいるのが無事ではない。

人を罵り、怒らせたとしても、さらりとしている。人の為、世の為にやることには私が無いからこれが出来る。慈悲の心があるからだ。自分の為にやることはこうはいかん。

宗教というも、坐禅するも、おたがいにこの無事のパーセンテージを上げることだ。

暑い、暑い、用事が多いととかく言う。暑けりゃ暑いで仕様がない。用事が多けりゃ多いで仕様がない。あゝこう言っておってもなにも片づきはせぬ。仕方がないから黙ってどん〳〵片っぱし片づけていくようにした。するとずいぶん能率もあがり、すがすがしい気さえするようになった。随処解脱だ。

群馬の方の末寺に行ったら梅田雲濱の書があった。

心大則百事通　（心大なればすなわち百事通じ）

心小則百事病　（心小なればすなわち百事病む）

と。人生のことみなこの通りだ。

四国八十八ヶ所の霊場を廻る人は誰もが弘法大師と二人づれだというので、笠の表に「同行二人」と書き、内側にはこう書くという。

迷うが故に三界城《じょう》

さとるが故に十方空

本来東西なし

いづれのところにか南北あらんや

城とは、きっちり囲いをめぐらして、身動きできんことだ。

「聞きとり学問　一熱病《ひとねつびょう》」という言葉がある。そんなものではいかん。禅は体におぼえるものだ。

出来る、出来ない、よりも、骨折っているか、いないかが問題だ、とにかく骨折れ。

火の玉みたいになって、ナリキレ。九十九度ではいかん。

あと、ピューッといけ。

禅は絶対に触れて「ア、ソウジャ」と受けとる。それだけだ。

古人も「忘れたのを思い出すようにいくのが悟りだ」と言っておる。

道理がわかっておって、薄い膜があって、それが破れる……。

宗演老師は「やったらやっただけのことはある」とよく言われた。

京の中立売、七本松あたりに万松寺という寺があって、歯形の地蔵といって名高い。或る美男の僧に懸想した娘が、思いの果されぬのを恨んで遂にその僧の頭に噛みついたと思ったら、これが石地蔵であって、その頭に歯が喰いこんで取れなくなった。

そこで妙心の大愚和尚が出かけて行って引導したが

一念瞋恚頭戴角　一念の瞋恚、頭に角を戴く
這裡何容是与非　這裡なんぞ容れん是と非と
風吹柳絮毛毬走　風柳絮を吹いて、毛毬わしり
雨打梨花蛺蝶飛　雨梨花を打って、蛺蝶とぶ

恨みも悟りも一切を超えたところの仔細だ。恨めしい、憎いも、こいつの当体探してみよ、どこにあるか。

この引導で、娘の歯が石地蔵から離れたという。

葬式の引導わたしでも、ここが本当に呑みこめていてやってもらいたい。

とにかく修行はおろそかにするな。人間は自分が受持った仕事が立派に

やれるということは大へんなことだ。

愚堂国師もここに疑いを起して修行されたのだ。

愚堂国師は大へん病身な方であった。重病でやすんでおられた夢の中で、死んだ友達が出て来て
「一緒に行こう」

とさそった。国師はその友達と行くことは死ぬことだと思い、

「わしにはまだ明《あき》らめねばならぬ修行が残っているから行くわけにはいかん」

と、力をふりしぼって
「喝!」

と一喝された。するとその友人は青い石になったという。そして病気は薄紙をはがすようによくなった。願心がなかったらこうはいけなんだろう。

願心を立てて修行はするもんじゃ。

ある日北鎌倉の駅のホームにいると、どこからともなくすずやかな風のようなものを感じた。やがてそれがすずやかな歌のようにも思えて来たが、よく聞くと、それが点心場《てんじんば》で雲水達が誦んでいるお経だった。なんともすずやかだった。すずやかな武士などという表現がある。これで日本人にはわかる。目を見ればわかる。見目うるわしいというのも、このすずやかさだ。目はいわば大脳の玄関だ。大脳が濁っておると目も濁る。つまり自己の心が目にそのまま出る。

一念決定、無心でないとこのすずやかさは出てこない。

すずやかに見せようたって、そうはならん。

要は、坐禅に精出すことだ。

真理は、真理に合致するものにのみ合致する。あれは曲ってはおるが骨折っていて可哀そうだからなどといって、真理の方から曲って合致してくれることはない。

花は須《すべから》く連夜にひらくべし、暁風のうながすを待つことなかれ、と
――やるならさっさとやらっしゃい。

圜悟禅師は

生也全機現《しょうやぜんきげん》　死也全機現《しやぜんきげん》

と言われたが、ここにでーんとこうした時にそれがある。そこを明らめるのが禅だ。

話聞いても、本読んでもわからん。

公案は人をして一番容易に三昧に入らしめる手段である。看話、黙照とあるうちで、人を導く方法としては看話がすぐれている点がある。だが、またそこには欠陥もある。そこに気をつけねばならぬ。

禅というのは、意識分別をたちきる修行だ。

衆生済度というも、自己をはっきりさせなくてはならない。日本のことも、世界のことも悉く自己を明らめることに帰する。

今臨終という時に、坐を組んでなりきっていけるようにやれ。

工夫はどんな時でも忘れてはいかん。わしが妙心僧堂の時代に、千寿院の入仏式があった。その時わしは副随《ふずい》だった。副随というのはそんな時は忙しい。たまたま龍安寺へ借り物に行くことになって、わしが出かけた。途中竹藪のそばを通って、さーっと冷たい風が吹いてきた途端、久しく滞っていた公案が片づいたことがある。

疑いを持たぬものに解決はない。詰まればこそ通ずるぞ。

わしの友人の阿部良之助は北海道の網元の子で、小学校では算術が大嫌いであったが、中学受験のために就いた数学の教師が、鶴亀算の問題だけを与えて、解き方を教えない。毎日通って行くたびに、

「どうだ、出来たか」

というだけで、

「出来ません」

というとそのまま帰される。一週間もすると流石に子供心にもそのままでは済まされなくなって、飯がのどに通らなくなった。そして遂に夕飯の膳に向っているとき、

「そうか！」

と、得心し、それ以後数学がおもしろく思えて好きになり、後年石炭液化の大学者となって社会に貢献したが、幼時のこの先生を大恩人と慕っていた。

公案は妄想、まよいの根を切る刃のようなものだ。

宗演老師は最後の時、わしに
「日面仏　月面仏」

と示された。ありがたいことだった。

公案もただその数を教えるのでなくて、こんな深い則《そく》（日面仏　月面仏）に沈潜することが大切だ。

蒼龍窟といっても、京都にある。奈良にある、というものではない。自己の下っ腹にこそあると知れ。

駿河の方で
「三歳までの子供は神社やお寺で不浄をしても罰《ばち》は当らない」

と言っていた。子供は無心だからこそ、こう言えるのだろう。

人間誰ひとりとして母の胎内から出ないものはない。禅者もまたその見性体験においてそれぞれ悪戦苦闘の跡がある。

雪峰の三登九至（三たび投子山にのぼり、九たび洞山に至る）もありがたいが、雲門の見性（足を折る）もまたありがたい。

なかには天然の禅者もないではないが、だがそれぞれ苦しみをのり越えて、世に出られたのだ。

修行はどこまでも自己だ、

師家がいくら厳しくとも、自分がやらねば、師家が目を開かすことはできぬ。

公案はどこまでも自己じゃ。

非力の菩薩救わんとして倶に溺る。だから、己事究明が大切だ。

禅は爽やかでなくてはいかん。

死ぬる時だけではない、
毎日が大切だ。
毎日自分の生命を燃えつきさせるような生き方をせよ。
禅は説明できんところへがつんと行って
「うーん、そうか！」
と受けとらにゃ。

義堂周信の「空華日工集」に
在家の者は寺に来たら法を聞け、
僧は法を施せ。
在家の者が茶をのんだり世間話をし、僧がそれに応じていると罪を
犯すことになる。
と、ある。

修行時は少しでも人のすぐれた点を学べ、
人が良くなかったら、人のふり見て我がふり直せ。
　道をきいて門を出づれば、満街の人みなこれ師
と言う。

志を立て、自分が自分を育てよ。人が育てるのでない。
自分で自分を育てる。これが道心だ。

少しでも人の手本となれ、己に鞭打って勤めておくと、それを学んだ人
が、こんどは己の手本になってくれる。
貸借は金銭ばかりではない。できるだけ貸方になれ。

本当に力ある者は、必ずそのまわりに何らかの影響をおこすものだ。
喝——なにもかもふっとばす。

坐るだけは仇《かたき》みたいに坐れ。

よく禅は叩くというが、ただ叩けば悟るでない。悶々としておるやつだからこそいける。

堯道老師は

「詰らんやつを叩くのは、灰俵叩くようなものだ」

と言っておられた。

岡本樵雲居士は茶人のくせに竹篦《しっぺい》持って、時としてお弟子を叩いた。晩年古いお弟子が若い嫁さんの入門を願い出て

「とてもこの世で先生に叩いていただけるまでには参りますまいが」

というと

「ほんに、このごろは叩きたいと思うお人も少くなりました」

と。

坐禅三昧の人ほどきれいなものはない。悪口もなく、怨念もない。とかく金でないと名誉、酒でないと色と、さまざまだが、坐禅三昧はそこを超えている。

托鉢に供養されるのも、点心くれるのも、みなその雲水の誓願に対してくれておるのじゃ。志ある故だ。

楞伽窟（釈宗演老師）は中原秀嶽師を浅草の海禅寺に晋山《しんざん》させる時
「どんな名刀も塩俵へ三年つけたら腐ってしまうぞ」
と教訓された。

玩物喪志――珠数集めたり、茶碗集めたり、わしは嫌いだ。

修行するなら僧堂ほど良いところはない。
だが、怠けようとするとこんな不自由なところはない。
塩鮭の塩抜きをするに真水では駄目で、塩を一つまみ入れるという。
菩薩が一分の煩悩を断ぜずにおくというのもこれか。

仏教は時代とともに仏（如来）が超絶性を持って来た。そこで大乗仏教として、おとりつぎ（執事）みたいに菩薩が出て来た。概念的にいえばこんなところだが、実際はわれわれが仏の超絶性と菩薩の親しみやすさを、兼ね具えていかねばならぬ。

（提唱中、雲水に向い）目を覚ませ。寝とる奴があるか！
白隠さんも
「寝るくらいなら起きてバクチでもしろ」
と言われたぞ。

わからん時は「絶対」に体当りじゃ。
叩けよさらば開かれんという。
苦しめ、さらば悟らんじゃ。
身を捨ててとびこめ、
虎口裡に身を横たえねばいかん。

妙心僧堂の頃、托鉢の折に、二条木屋町あたりの浄土宗の寺の門の聯にこう書いてあった。

善人は善を行じて楽より楽に入り、明らかなるより明らかなるに入る。
悪人は悪を行じて苦より苦に入り、暗きより暗きに入る。

と、わしは感心してしばし門前に佇立しておったことを今でも思い出す。

後に「心地観経」の中にこの句を見出してなつかしかった。

慈海宋順版「普門品」後記の願文というのを見たら、

回斯妙因　施及一切

見聞信毀　倶会真際

この妙因をめぐらして、施して一切に及ぼし、見聞信毀、ともに真際を会せん

と、なんと……。

信ずるも、謗るも、ともに仏縁だ。

臨済禅は公案を用い、どっちかと言えば技術的に細かい調べをする。教科書に従ってやるようなもの、そこで鋳型悟りになるおそれがある。曹洞の方は黙照禅で、デーンとなりきらせる。根本的にいこうとする。

ところが一つまちがうと似而非なるものをつかまえて安住するおそれがある。それぞれ一長一短だ。

古来、古月下の鎌倉禅はそんな公案体系はなかった。白隠下からは「鎌倉の鍋蓋悟り」(中身が煮えるまで待つ) と謗られた。こちらからは白隠禅を「はしご悟り」と謗った。

今の白隠禅の弊もここを考えねばならぬ。

山岡鉄舟居士は『臨済録』の提唱を頼まれると、自分の道場へ案内し木刀をとらせ

「これが剣客山岡の臨済録でござる」

と言った。百姓が田を耕し、魚屋が魚を切るのも、五十人おれば五十の臨済録、法界は皆臨済録じゃ。こうなるとわからんだろうが、わからんはわからんとして、しっかりやれ。わかる、わからんもわからんのが、一番始末におえん。わからんところを正直に。修行はとにかく自分をせめなくてはいかん。

一たん解ると、

只可自怡悦　不堪持贈君

（只、みづから怡悦《いえつ》すべし、持して君に贈るに堪えず）

となる。

人間はみんな大きな夢を見ておる。わしも八十八年もの夢じゃ。宗演老師は六十三で亡くなられたから、わしはもう二十五年も多く生きたわけだ。老師が「あいつ、まだ浮世でまごまごしおる」と言ってござるだろう。だが喜んだり、悲しんだり、これも也風流《またふうりゅう》じゃ。

あとがき

今年（平成二十三年）は朝比奈宗源老師の三十三回忌を迎えます。円覚寺歴代祖師の法要は、管長として取り組まなければならない大きな行事の一つです。そのたびに頭を悩ますのは、記念品として何を用意するかです。一般にお寺の行事では、お盆や風呂敷、茶碗などが作られます。それも結構な事ですが、そのほかに広く一般の人々にも、朝比奈老師の教えを今一度知っていただくのに、何かいいものがないかと考えていました。

たまたま、数年前に足立大進老師のもとで茶話のついで、ふと「おい、こんなものがあるんだよ」と言って大きな封筒の包みを手渡されたことがありました。何かと思ってみてみると、なかみは朝比奈老師の坐禅和讃の講話を江原通子先生が筆録した原稿でした。その時に足立老師も「何かの折に出版できればいいのだが…」と仰せになりました。私も「そうですね…」と言ったきり、そのままにしていました。

そこでこの度三十三回忌を迎えるに当たって「そうだ、あの江原先生の原稿を本にできないか」と思い立ちました。

改めて読み返してみると、これは朝比奈宗源老師が昭和三十六年の円覚寺夏期講座でお話になったもので、白隠禅師の坐禅和讃を通じて「仏心」の世界を自由闊達な話しぶりで説かれた、実にすばらしい講話だと感じ入りました。早速足立老師、江原先生にそれぞれ許可をいただいて、朝比奈老師の『仏心』出版以来、長年ご縁の深い春秋社に相談し、出版に取りかかりました。

朝比奈宗源老師は、昭和の時代、特に戦後の禅宗、ひいては仏教界を代表すると言っても過言ではない活躍をなされた老師です。臨済宗では関西の山田無文老師や柴山全慶老師と並んで、それまで「不立文字」と言って一般に人々に説かれにくかった禅の教えを、自由自在に説かれた老師です。

とりわけ朝比奈老師は、四歳の時に母を亡くし、七歳の時に父を亡くされて、幼くして生死の問題に深い疑念を抱かれました。八歳の時に村の寺でお釈迦様の涅槃図を拝んで、和尚から「お釈迦様は死んでも本当に死んだのではない」と聞かされて驚き、「死んでも死なないいのち」とは何か深く探求されるようになりました。

十一歳で出家して清見寺の坂上真浄老師のお弟子になってひたすら坐禅の修行に励んで、京都の妙心寺僧堂で見性体験をなされ、「死んでも死なないいのち」に目覚められました。その後鎌倉浄智寺住職を経て昭和十七年より円覚寺の管長となって昭和五十四年八十八歳でご遷化なさるまで活躍なされました。

そうした体験から、特にこの「死んでも死なないいのち」を「仏心」と名付け、縦横無尽に仏心の世界をお説きになりました。この坐禅和讃の講話でも終始一貫して仏心の世界が説かれています。

江原通子先生は、朝比奈老師に多年親炙された方で、恵通大姉の号も受けておられます。東京神田の生まれで、嫁いだ先でお姑さんにご苦労されたようです。その当時を後年「どうして生まれた家のゴハンツブはたてにのどに通るのに、お嫁に行った先のゴハンツブはよこにつかえて通るのかしら」と語っておられます。更に結婚数年で、夫を戦争でなくし、長男一人を抱いて家を出て、戦後の混乱した時代を女手ひとつで子育てなされました。文藝春秋社に勤め文筆業に携われました。

そんな苦労の中で、後に生涯の師と仰ぐ朝比奈宗源老師とめぐり合います。師資邂逅、一見して「この老師こそ」と思われた江原先生は、その後毎月の東京での坐禅会に参加するのみならず円覚寺居士林にも通い、正式に公案をいただいて参禅もなされました。

昭和三十六年、朝比奈老師満七十歳、江原先生四十一歳の時、あふれんばかりの求道心から、円覚寺夏期講座の講話を筆録なされたものと察します。今となってはこの江原先生の原稿も貴重な資料です。謹厳な筆致からも正身端座して筆記された姿がしのばれます。

今年はちょうどその年から五十年が経ちます。五十年を経て世に出る因縁となりました坐禅和讃の講話です。ここに説かれる「仏心」の世界、宗教の真理は年月を経て時代が変わってもなんら色あせないものであることを、改めて思います。

どうかこの書をご縁に朝比奈老師の説かれた「仏心」の世界に目覚め、自己の安心のみならず、広く世界の平和に裨益されんことを願ってやみません。

臨済宗円覚寺派管長

横田　南嶺

著者紹介

朝比奈　宗源（あさひな・そうげん）

明治24年　静岡県清水市に生まれる。
明治35年　興津清見寺坂上真浄老師に就いて得度。
大正６年　円覚寺古川堯道老師に参禅嗣法。
昭和17年　円覚寺派管長に就任。
昭和54年　遷化。世寿八十八歳。
著書『臨済録』『碧巌録』『無門関提唱』『仏心』『獅子吼』他多数。

人はみな仏である

2011年５月20日　初　版第１刷発行
2023年４月20日　新装版第１刷発行

著者ⓒ＝朝比奈宗源
発行者＝神田　明
発行所＝株式会社春秋社
〒101-0021　東京都千代田区外神田2-18-6
電話　(03)3255-9611(営業)　(03)3255-9614(編集)
振替　00180-6-24861
https://www.shunjusha.co.jp/
印刷所＝信毎書籍印刷株式会社
製本所＝ナショナル製本協同組合
装　幀＝美柑和俊

ISBN 978-4-393-14443-5　C0015　Printed in Japan
定価はカバーに表示してあります